RESUMO DO PRIMEIRO CATECISMO

RESUMO DO PRIMEIRO CATECISMO

Petrópolis

© 1979, Editora Vozes Ltda.
Rua Frei Luís, 100
25689-900 Petrópolis, RJ
Internet: http://www.vozes.com.br

40ª edição, 2011

Todos os direitos reservados. Nenhuma parte desta obra poderá ser reproduzida ou transmitida por qualquer forma e/ou quaisquer meios (eletrônico ou mecânico, incluindo fotocópia e gravação) ou arquivada em qualquer sistema ou banco de dados sem permissão escrita da Editora.

IMPRIMATUR
Por comissão especial do Exmo. e Revmo.
Sr. Dom Manoel Pedro da Cunha Cintra, Bispo de Petrópolis
Frei Hugo D. Baggio, O.F.M.
Petrópolis, 10-7-1969.

Diretor editorial
Frei Antônio Moser

Secretário executivo
João Batista Kreuch

Editores
Aline dos Santos Carneiro
José Maria da Silva
Lídio Peretti
Marilac Loraine Oleniki

Projeto gráfico: Sheilandre Desenv. Gráfico
Capa: Célia Regina de Almeida

ISBN 978-85-326-0316-6

Editado conforme o novo acordo ortográfico.

Este livro foi composto e impresso pela Editora Vozes Ltda.
Rua Frei Luís, 100 - Petrópolis, RJ - Brasil - CEP 25689-900
Caixa Postal 90023 - Tel.: (24) 2233-9000
Fax: (24) 2231-4676

Sumário

1 O sinal da salvação, 7

2 Jesus nos revela ao Pai, 9

3 No Batismo de Jesus se revela a Santíssima Trindade, 11

4 Jesus prometido como Salvador, 14

5 Jesus vem nos ensinar a viver como filhos de Deus, 17

6 Jesus nos ama até a morte, 20

7 Jesus nos ensina a rezar, 23

8 Jesus nos mostra a vontade do Pai, 26

9 Jesus nos fala da maldade do pecado, 29

10 Jesus nos fala da outra vida, 32

11 Jesus nos dá os sacramentos, 34

12 Jesus nos dá sua vida, nos faz seus irmãos, 37

13 Jesus nos faz seus soldados, 40

14 Jesus vive conosco, 42

15 Sejamos dignos de Jesus, 45

16 O sacrifício de Jesus, 47
17 Jesus nos dá o perdão do Pai Celeste, 49
18 Jesus, alívio dos doentes, 53
19 Jesus conosco pelos padres, 55
20 Jesus une para sempre os casados, 58
21 Jesus nos ama pela Igreja, 61
22 Como amar a Jesus, 64

Apêndice, 67

   A. Orações, 69
   B. Cânticos, 120

I
O SINAL DA SALVAÇÃO

1. És cristão?
Sim. Sou cristão pela graça de Deus.

2. Quem é verdadeiro cristão?
É verdadeiro cristão quem é batizado, crê em Jesus Cristo e vive conforme os seus ensinamentos.

3. Como é que o homem se faz cristão?
O homem se faz cristão pelo batismo.

4. Qual é o sinal do cristão?
O sinal do cristão é a cruz.

5. Fazer o sinal da cruz.
Em nome do Pai * e do Filho * e do Espírito Santo. Amém.

6. É coisa útil fazer frequentemente o sinal da cruz?
Sim. Fazer frequentemente o sinal da cruz é coisa muito útil.

7. Por que o sinal da cruz é o sinal do cristão?
O sinal da cruz é o sinal do cristão porque em Jesus crucificado encontramos os principais ensinamentos da nossa fé.

* **8. Quais são os principais ensinamentos da nossa fé?**

Os principais ensinamentos da nossa fé são: 1º Unidade e Trindade de Deus; 2º Encarnação, Paixão e Morte de nosso Senhor Jesus Cristo.

* **9. Quando devemos fazer o sinal da cruz?**

Devemos fazer o sinal da cruz pela manhã, ao despertar; à noite, ao deitar; antes e depois das refeições; no princípio e no fim de qualquer trabalho; antes de começar a oração; nas tentações e nos perigos.

Quando devemos fazer o sinal da cruz.

2
JESUS NOS REVELA O PAI

* 10. Quem é Deus?
Deus é um espírito puro, eterno, criador do céu e da terra.

11. Por que Deus é eterno?
Deus é eterno, porque sempre existiu, não teve princípio e não terá fim.

* 12. Por que Deus é criador?
Deus é criador, porque só Ele criou e pode criar todas as coisas, e por ninguém foi criado.

13. Onde está Deus?
Deus está no céu, na terra e em toda parte.

* 14. Deus vê todas as coisas?
Sim. Deus vê todas as coisas presentes, passadas e futuras e até nossos pensamentos.

15. Por que Deus vê todas as coisas?
Deus vê todas as coisas porque é infinitamente sábio e está sempre presente em toda parte.

16. Como é Deus?
Deus é espírito puríssimo. Não tem corpo como nós.

17. Como criou Deus o mundo?
   Deus criou o mundo com um simples ato de sua vontade, e pode criar muitos outros mundos, porque é todo-poderoso.

18. De que fez Deus o mundo?
   Deus fez o mundo do nada.

1. Criança-menino-jovem-homem-velho:

Deus não teve princípio, não terá fim, é ETERNO.

2. Várias flores: qual a mais bela?

Deus que as criou é A BELEZA, A BONDADE, A PERFEIÇÃO.

3. Brasília-Goiás-Brasil-América-Mundo: Deus é sem limites, é IMENSO.

3
No batismo de Jesus se revela a Santíssima Trindade

* 19. Há um só Deus?
Sim. Há um só Deus e não pode haver mais de um.

* 20. Quantas pessoas há em Deus?
Em Deus há três pessoas iguais e realmente distintas, que são o Pai e o Filho e o Espírito Santo.

* 21. Como se chama este mistério de um Deus em três pessoas iguais e realmente distintas: o Pai e o Filho e o Espírito Santo?
Chama-se o mistério da Santíssima Trindade.

22. Qual é a primeira pessoa da Santíssima Trindade?
A primeira pessoa da Santíssima Trindade é o Pai.

23. Qual é a segunda pessoa da Santíssima Trindade?
A segunda pessoa da Santíssima Trindade é o Filho.

Santo Agostinho e o anjo.

24. Qual é a terceira pessoa da Santíssima Trindade?
A terceira pessoa da Santíssima Trindade é o Espírito Santo.

25. O Pai é Deus?
Sim. O Pai é Deus.

26. O Filho é Deus?
Sim. O Filho é Deus.

27. O Espírito Santo é Deus?
Sim. O Espírito Santo é Deus.

28. Como são as três pessoas da Santíssima Trindade?

As três pessoas da Santíssima Trindade são todas iguais, porque todas têm a mesma natureza divina, o mesmo poder e a mesma sabedoria.

29. As três pessoas divinas são iguais também quanto ao tempo?

Sim. As três pessoas divinas são iguais também quanto ao tempo porque são igualmente eternas: nunca começaram a existir e nunca deixarão de existir.

30. Em que consiste, pois, o mistério da Santíssima Trindade?

O mistério da Santíssima Trindade consiste em que há UM só Deus em TRÊS pessoas distintas, o Pai e o Filho e o Espírito Santo.

4
Jesus prometido como Salvador

1º DOS ANJOS

* 31. Que são os anjos?

Os anjos são espíritos puros, que Deus criou para sua glória e seu serviço.

Este rapaz está decidido a seguir o caminho do bem.

32. Como criou Deus os anjos?
Deus criou os anjos inocentes e santos.

33. Ficaram os anjos sempre assim?
Muitos anjos ficaram sempre bons e amigos de Deus, mas outros se revoltaram contra Deus.

34. Como se chamam os anjos amigos de Deus?
Os anjos amigos de Deus chamam-se anjos bons ou simplesmente anjos.

35. Como se chamam os anjos que se revoltaram contra Deus?
Os anjos que se revoltaram contra Deus chamam-se anjos maus ou demônios.

2º DO HOMEM

* 36. Que é o homem?
O homem é uma criatura racional, composta de alma e corpo.

* 37. Como criou Deus o primeiro homem?
Deus criou o primeiro homem à sua imagem e semelhança.

38. Como se chamou o primeiro homem?
O primeiro homem chamou-se Adão.

39. Como se chamou a primeira mulher?
A primeira mulher chamou-se Eva.

40. São todos os homens filhos de Adão e Eva?
Sim. Todos os homens são filhos de Adão e Eva, e é por isso que somos todos irmãos.

* 41. Para que foi criado o homem?
O homem foi criado para conhecer, amar e servir a Deus neste mundo e assim merecer a vida com o próprio Deus para sempre no céu.

42. Como criou Deus a Adão e Eva?
Deus criou a Adão e Eva santos e felizes.

43. Adão e Eva ficaram sempre assim?
Não. Adão e Eva não ficaram sempre santos e felizes porque pecaram.

* 44. Qual foi o pecado de Adão e Eva?
O pecado de Adão e Eva foi o pecado de soberba e desobediência a Deus.

45. O pecado de nossos primeiros pais é somente deles?
Não. O pecado de nossos primeiros pais não é somente deles, mas de todos os seus filhos.

46. Como se chama esse pecado?
Esse pecado chama-se pecado original.

* 47. Todos os homens nascem com o pecado original?
Sim. Fora a Virgem Maria, todos os homens nascem com o pecado original.

5
JESUS VEM NOS ENSINAR A VIVER COMO FILHOS DE DEUS

* 48. Quem é Jesus Cristo?
Jesus Cristo é o Filho de Deus feito homem.

49. Que se entende por Filho de Deus?
Por Filho de Deus se entende a segunda pessoa da Santíssima Trindade.

50. Quem é o pai de Jesus Cristo?
O Pai de Jesus Cristo é somente o Pai Eterno, isto é, a primeira pessoa da Santíssima Trindade.

51. Não teve Jesus Cristo também um pai na terra?
Não. Jesus Cristo não teve pai na terra, mas somente mãe, que é a Virgem Maria.

52. Como se chama este mistério?
Chama-se o mistério da Encarnação.

* 53. Quando o Filho de Deus se fez homem deixou de ser Deus?
Não. Quando o Filho de Deus se fez homem não deixou de ser Deus, mas continuou verdadeiro Deus e começou a ser também verdadeiro homem.

* 54. Para que se fez homem o Filho de Deus?

O Filho de Deus Se fez homem para nos salvar do pecado e nos fazer de novo filhos da família de Deus e herdeiros do céu.

O lar de Nazaré, modelo das famílias cristãs.

55. Somos filhos de Deus como Jesus é Filho de Deus?
Não. Jesus é o verdadeiro Filho de Deus. Nós, cristãos, somos filhos adotivos de Deus desde o nosso batismo.

56. Onde nasceu Jesus Cristo?
Jesus Cristo nasceu em Belém e foi colocado num presépio.

57. A Santíssima Virgem pode chamar-se Mãe de Deus?
A Santíssima Virgem pode e deve chamar-se Mãe de Deus, porque é Mãe de Jesus Cristo, que é Deus.

58. Quem era São José?
São José era esposo de Maria Santíssima e pai adotivo do Menino Jesus.

6
Jesus nos ama até a morte

* 59. Qual o castigo que os homens deviam sofrer por causa do pecado original?

Por causa do pecado original, todos os homens deviam sofrer o castigo da morte e permanecer para sempre longe de Deus.

* 60. Por que dizemos que Jesus nos salvou?

Dizemos que Jesus nos salvou porque, por nosso amor, Ele quis sofrer e morrer na cruz, vencer a morte pela ressurreição e assim nos abrir o céu.

61. Jesus Cristo sofreu e morreu como Deus ou como homem?

Jesus Cristo sofreu e morreu como homem, porque como Deus não podia sofrer nem morrer.

* 62. Como se chama o mistério da Paixão e Morte de Jesus Cristo?

Chama-se o mistério da redenção.

63. Que se fez do corpo de Jesus Cristo depois de sua morte?

Depois da morte de Jesus Cristo, seu corpo foi sepultado.

Jesus crucificado, conforto dos que sofrem.

64. Quantos dias esteve morto Jesus Cristo?

Jesus Cristo esteve morto três dias incompletos, a saber: parte de sexta-feira, todo o dia de sábado e parte do domingo.

65. Que fez Jesus Cristo depois dos três dias de sua morte?

Jesus Cristo, depois dos três dias de sua morte, ressuscitou glorioso e triunfante, para nunca mais morrer.

66. Quantos dias esteve Jesus Cristo na terra depois de sua ressurreição?

Depois de sua ressurreição, Jesus Cristo esteve na terra quarenta dias, ensinando os apóstolos.

67. Depois dos quarenta dias, para onde foi Jesus Cristo?

Depois dos quarenta dias, Jesus Cristo subiu aos céus, para nos preparar um lugar.

* 68. Onde está Jesus Cristo?

Jesus Cristo, como Deus, está em todo lugar; como homem-Deus, está no céu, e no Santíssimo Sacramento do altar.

7
JESUS NOS ENSINA A REZAR

* 69. Que é a oração?
A oração é uma elevação da alma a Deus, para adorá-lo, agradecer e pedir-lhe as graças de que necessitamos.

* 70. Por que devemos rezar?
Devemos rezar:
1º porque Jesus mandou e nos deu o exemplo.
2º porque Deus é nosso Pai, criador e conservador; dele depende nossa vida na terra e nossa felicidade no céu.

71. Qual é a melhor de todas as orações?
A melhor de todas as orações para rezar de cor é o Pai-nosso.

* 72. Por que o Pai-nosso é a melhor das orações?
O Pai-nosso é a melhor das orações porque nos foi ensinado pelo próprio Jesus.

* 73. Dize o Pai-nosso.
Pai nosso, que estais nos céus, santificado seja o vosso nome, venha a nós o vosso reino; seja feita a vossa vontade assim na terra como no céu. O pão nosso de cada dia nos dai hoje; perdoai-nos as nossas

ofensas, assim como nós perdoamos a quem nos tem ofendido; e não nos deixeis cair em tentação. Mas livrai-nos do mal.

74. Que outra oração costumamos dizer depois do Pai-nosso?

Depois do Pai-nosso costumamos dizer a Ave-Maria, para pedir a proteção da Santíssima Virgem.

75. Por que o católico reza a Ave-Maria?

O católico reza a Ave-Maria para lembrar o mistério da encarnação, repetindo as belíssimas saudações do Anjo e de Santa Isabel a Nossa Senhora.

Jesus prometeu morar com a família que reza unida.

* 76. Dize a Ave-Maria.
   Ave, Maria, cheia de graça, o Senhor é convosco, bendita sois vós entre as mulheres e bendito é o fruto do vosso ventre, Jesus. Santa Maria, Mãe de Deus, rogai por nós, pecadores, agora e na hora da nossa morte. Amém.

* 77. Como deve ser nossa oração?
   Nossa oração deve ser feita com respeito, humildade, confiança e perseverança.

8
JESUS NOS MOSTRA A VONTADE DO PAI

1º DOS MANDAMENTOS DE DEUS

* 78. Para o cristão salvar-se basta somente crer e orar?

Não. É necessário também observar os mandamentos de Deus e os da Igreja.

* 79. Quantos são os mandamentos da lei de Deus?

Os mandamentos da lei de Deus são dez:
1º – Amar a Deus sobre todas as coisas.
2º – Não tomar seu santo nome em vão.
3º – Guardar domingos e festas.
4º – Honrar pai e mãe.
5º – Não matar.
6º – Não pecar contra a castidade.
7º – Não furtar.
8º – Não levantar falso testemunho.
9º – Não desejar a mulher do próximo.
10º – Não cobiçar as coisas alheias.

80. Quem deu estes mandamentos?

Deu estes mandamentos o próprio Deus na lei antiga, gravados em duas pedras, e Jesus Cristo os confirmou na nova lei.

81. Podemos nós observar estes mandamentos?
Sim. Podemos observar estes mandamentos com a graça de Deus.

* 82. Somos obrigados a observar os mandamentos da lei de Deus?
Sim. Somos obrigados a observar os mandamentos da lei de Deus, pois devemos respeitar a ordem que o Pai Celeste quis dar ao mundo. Basta pecar gravemente contra um só deles para merecermos o inferno.

2º DOS MANDAMENTOS DA IGREJA

* 83. Quantos são os mandamentos da Igreja?
Os principais mandamentos da Igreja são cinco:
1º – Participar ativa e piedosamente da missa nos domingos e festas de guarda.
2º – Confessar-se ao menos uma vez cada ano.
3º – Comungar ao menos uma vez pela Páscoa da Ressurreição.
4º – Jejuar e abster-se de carne quando manda a Santa Madre Igreja.
5º – Pagar dízimos segundo o costume.

84. Por que a Igreja nos dá mandamentos?
A Igreja nos dá mandamentos para nos ajudar a vivermos unidos como filhos de Deus e assim mais facilmente alcançarmos a vida eterna.

Esta família ama a Nosso Senhor.

9
JESUS NOS FALA DA MALDADE DO PECADO

* 85. Que é o pecado?
O pecado é uma desobediência voluntária à lei de Deus.

* 86. Todos os pecados são iguais?
Não. Há pecados mortais e veniais.

* 87. Que é o pecado mortal?
O pecado mortal é uma desobediência grave, feita à lei de Deus, com pleno conhecimento e pleno consentimento da vontade.

* 88. Por que se chama mortal este pecado?
Chama-se mortal este pecado porque nos separa de Deus e nos torna merecedores da desgraça eterna no inferno.

89. Que é o pecado venial?
O pecado venial é uma desobediência leve feita à lei de Deus.

90. Por que se chama venial este pecado?
Chama-se venial este pecado porque sua culpa é leve, e Deus a perdoa mais facilmente.

Pecados por pensamentos, obras, palavras e omissões.

* 91. De quantos modos se pode pecar?

Pode-se pecar de quatro modos: por pensamentos, palavras, obras e omissões.

92. Como se peca por pensamentos, palavras e obras?

Peca-se por pensamentos, palavras e obras quando, de propósito, se pensa, deseja, se diz ou se pratica alguma coisa proibida pela lei de Deus.

93. Como se peca por omissão?

Peca-se por omissão quando faltamos de propósito ao próprio dever ou às obrigações do próprio estado.

* 94. Quem perdeu a graça de Deus pelo pecado mortal poderá de novo consegui-la?

Sim. Quem perdeu a graça de Deus pelo pecado mortal poderá consegui-la de novo pelo sacramento da confissão ou por um ato de sincero arrependimento por ter ofendido a Deus, com vontade firme de se confessar logo que puder.

95. Quais são os melhores meios de alcançar o perdão para os pecados veniais?

Os melhores meios de alcançar o perdão para os pecados veniais são, além da confissão e do ato de contrição: a assistência piedosa à santa missa; uma boa comunhão.

10
JESUS NOS FALA DA OUTRA VIDA

96. Que se entende por novíssimos do homem?
Por novíssimos do homem se entende as últimas coisas que nos hão de acontecer.

* 97. Quantos e quais são os novíssimos do homem?
Os novíssimos do homem são quatro:
1º – Morte   3º – Inferno
2º – Juízo   4º – Paraíso

* 98. Quantos juízos há?
Há dois juízos: o particular, depois da morte, e o universal, no fim do mundo.

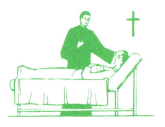

Morte tranquila, com as bênçãos de Deus.

* 99. Depois do juízo particular, para onde irá a alma?

Depois do juízo particular a alma irá ou para o céu, ou para o purgatório, ou para o inferno.

II
JESUS NOS DÁ OS SACRAMENTOS

100. Que significa sacramento em geral?
Sacramento em geral significa um sinal sensível de uma coisa sagrada, que permanece oculta.

101. A Igreja tem sacramentos?
Sim. A Igreja tem os sete sacramentos que Jesus nos deu.

* 102. Quais são os sete sacramentos que Jesus nos deu?
Os sete sacramentos que Jesus nos deu são:
1º – Batismo
2º – Crisma
3º – Eucaristia
4º – Confissão
5º – Unção dos enfermos
6º – Ordem
7º – Matrimônio

103. Qual o sinal sensível do Sacramento do Batismo?
O sinal sensível do batismo é a água. Acompanhada das sagradas palavras, lava a fronte do pecador, como sinal da purificação de sua alma.

104. Qual é a coisa sagrada dos sacramentos da Igreja?

A coisa sagrada dos sacramentos da Igreja é a graça que nos santifica.

105. A que comparou Jesus a graça?

Jesus comparou a graça a uma veste nupcial que nos torna agradáveis ao Pai celeste e sem a qual não podemos viver a vida de Deus na família de Deus.

* 106. Como é que Jesus nos comunica a graça?

Jesus nos comunica a graça pelos sete sacramentos que nos deixou.

* 107. Que se entende, pois, por sacramento da Igreja?

Entende-se por sacramento da Igreja um sinal sensível e eficaz da graça, instituído por Nosso Senhor Jesus Cristo, para nos santificar.

* 108. Quais são os sacramentos que nos comunicam as graças mais necessárias para a salvação?

Os sacramentos que nos comunicam as graças mais necessárias para a salvação são dois: o batismo, para todos, e a confissão, para os que perderam a graça do batismo, cometendo pecado mortal.

* 109. Quais são os sacramentos que se recebem uma só vez?

Os sacramentos que se recebem uma só vez são três: o batismo, a crisma e a ordem.

Foi expulso porque não tinha a veste nupcial.

12
JESUS NOS DÁ SUA VIDA, NOS FAZ SEUS IRMÃOS

110. Como é que Jesus nos dá sua vida e nos faz seus irmãos?

Jesus nos dá Sua vida e nos faz seus irmãos pelo batismo.

* 111. Que é o batismo?

O batismo é o sacramento que Nosso Senhor Jesus Cristo instituiu para nos tirar o pecado original, dar-nos a vida da graça, e fazer-nos cristãos, filhos de Deus e da Igreja.

112. Quem não é batizado pode receber outro sacramento?

Não. Quem não é batizado não pode receber nenhum outro sacramento, porque ainda não é filho de Deus e da Igreja.

* 113. Em caso de necessidade, qualquer pessoa pode batizar?

Em caso de necessidade, qualquer pessoa pode batizar, mesmo que não seja católica.

114. Que intenção deve ter quem administra o batismo?

Quem administra o batismo deve ter a intenção de fazer o que a Igreja faz quando administra este sacramento.

* 115. Como se administra o batismo?

Administra-se o batismo derramando água natural na cabeça da pessoa que se batiza, e pronunciando ao mesmo tempo as palavras: Eu te batizo em nome do Pai e do Filho e do Espírito Santo.

Maneira correta de batizar. O padrinho coloca a mão direita sobre o peito do afilhado.

* 116. Qual o principal dever dos padrinhos?

O principal dever dos padrinhos é zelar para que o afilhado seja educado na religião católica e viva sempre como bom cristão.

117. Por que não podem ser padrinhos pessoas não católicas ou de vida irregular?

Pessoas não católicas ou de vida irregular não podem ser padrinhos porque não estão em condições de responder pela fé e vida católica dos afilhados.

13
JESUS NOS FAZ SEUS SOLDADOS

118. Como é que Jesus nos faz seus soldados?
Jesus nos faz seus soldados pela crisma.

* 119. Que é a crisma?
A crisma é o sacramento que nos dá o Espírito Santo, imprime na alma o caráter de soldado de Jesus Cristo e faz-nos perfeitos cristãos.

* 120. Por que a crisma se chama também confirmação?
A crisma se chama também confirmação, porque confirma em nós a vida divina recebida no batismo e nos dá maior resistência aos assaltos da tentação.

* 121. Quais os principais deveres de um crismado?
Os principais deveres de um crismado são:

1º Guardar fielmente os mandamentos de Deus e da Igreja.

2º Defender corajosamente a vida divina em seu coração dos perigos do mundo, do demônio e das más inclinações.

3º Amar a Santa Igreja e trabalhar por ela, *sem falso respeito humano,* como bom apóstolo.

Ele foi crismado. Com a força do Espírito Santo, vence as tentações e não deixa de cumprir seus deveres de católico.

122. Como devem preparar-se os que recebem a crisma em idade adulta?

Os que recebem a crisma em idade adulta devem preparar-se estudando bem a doutrina católica e fazendo uma boa confissão.

14
JESUS VIVE CONOSCO

123. Como é que Jesus vive conosco?
Jesus vive conosco pela Eucaristia.

* 124. Que é a Eucaristia?
A Eucaristia é o sacramento do verdadeiro corpo e do verdadeiro sangue de Jesus Cristo, realmente presente debaixo das aparências de pão e de vinho.

* 125. Quando Jesus se torna presente debaixo das aparências do pão e do vinho?
Jesus se torna presente debaixo das aparências do pão e do vinho quando o sacerdote pronuncia as palavras da consagração, na missa.

126. Quem deu tanto poder a essas palavras?
Quem deu tanto poder a essas palavras foi Jesus Cristo, quando as pronunciou na última ceia, e mandou os apóstolos e sacerdotes fazerem o mesmo.

127. Então, depois da consagração da hóstia e do vinho, nada fica de pão e de vinho?
Depois da consagração da hóstia e do vinho, nada fica de pão nem de vinho, a não ser as aparências.

128. Debaixo das aparências do pão só há o corpo de Jesus Cristo, e debaixo das aparências do vinho só há o seu sangue?

Tanto debaixo das aparências do pão como debaixo das aparências do vinho está Jesus Cristo todo inteiro, como verdadeiro Deus e verdadeiro homem.

129. Quando se parte a hóstia, parte-se também o corpo de Jesus Cristo?

Não. Quando se parte a hóstia não se parte o corpo de Jesus Cristo; partem-se somente as aparências do pão.

130. Em que parte da hóstia está o corpo de Jesus Cristo?

O corpo de Jesus está todo inteiro em cada uma das partes em que se divide a hóstia.

* 131. Por que Jesus quis ficar conosco na Eucaristia?

Jesus quis ficar conosco na Eucaristia:

1º – para alimentar a vida de filhos de Deus que nos deu no batismo.

2º – para nos garantir a vida eterna, que custou para Ele a morte na cruz.

3º – para que, unidos a Ele, amemos e glorifiquemos dignamente a Santíssima Trindade.

4º – para renovar continuamente o seu sacrifício por nós, na santa missa.

5º – para que os homens jamais se esquecessem do quanto Ele nos amou e continua a amar.

1 – Corporal
2 – Cálice
3 – Sanguinho
4 – Patena
5 – Hóstia
6 – Pala

* 132. Que é comungar?
Comungar é receber Jesus no Sacramento da Eucaristia.

15
Sejamos dignos de Jesus

* 133. Que é necessário para nos tornarmos dignos de receber a Jesus na comunhão?

Para nos tornarmos dignos de receber a Jesus na comunhão, três coisas são necessárias: 1º – o estado de graça. 2º – estar em jejum, conforme as prescrições da Igreja. 3º – saber o que vai receber e apresentar-se à comunhão com fé e devoção.

* 134. Há obrigação de comungar?

Há obrigação de comungar em perigo de morte, e ao menos uma vez cada ano, pela Páscoa da Ressurreição.

135. É coisa útil e boa comungar frequentemente?

Sim. Comungar frequentemente, e até todos os dias, é coisa ótima, contanto que se faça com as devidas disposições, sob a direção de um bom confessor.

136. Que efeitos produz em nós a Eucaristia?

Os principais efeitos que a Eucaristia produz em nós são:

1º – conserva e aumenta a vida da alma, que é a graça recebida no batismo, assim como o alimento material conserva e aumenta a vida do corpo.

2º – apaga os pecados veniais e preserva dos mortais.

3º – une-nos a Jesus Cristo e faz-nos viver de sua vida, como perfeitos filhos do Pai celeste.

Posição correta para comungar: cabeça levantada na direção da hóstia – olhos abertos para a hóstia – língua à mostra, para receber comodamente a hóstia – mãos postas sem encostá-las no queixo – não mexer a cabeça ao receber a hóstia.

JEJUM EUCARÍSTICO
Deve-se guardar jejum desde uma hora antes da comunhão. Água e remédios não quebram o jejum.

16
O sacrifício de Jesus

137. A Eucaristia é somente sacramento?
Não. A Eucaristia é também o sacrifício permanente da nova lei que Jesus deixou à sua Igreja, para ser oferecido a Deus, por meio dos sacerdotes.

138. Como se chama este sacrifício da nova lei?
Este sacrifício da nova lei chama-se o sacrifício da missa.

* 139. Que é a missa?
A missa é o sacrifício incruento do corpo e do sangue de Jesus Cristo, oferecido sobre os nossos altares, debaixo das aparências de pão e de vinho, em memória do sacrifício da cruz.

* 140. Quem instituiu o sacrifício da missa?
O sacrifício da missa foi instituído pelo próprio Jesus Cristo, quando instituiu o sacramento da eucaristia, na noite antes de sua paixão.

* 141. Por quem se oferece o sacrifício da missa?
O sacrifício da missa se oferece por todos os homens, especialmente pelos fiéis e pelas almas que se acham no purgatório.

O banquete dos filhos de Deus.

142. O sacrifício da missa aproveita às almas do purgatório?
Sim. O sacrifício da missa aproveita às almas do purgatório, aliviando e abreviando os seus sofrimentos.

17
JESUS NOS DÁ O PERDÃO DO PAI CELESTE

143. Como é que Jesus nos dá o perdão dó Pai celeste?
Jesus nos dá o perdão do Pai celeste pela confissão.

* 144. Que é a confissão?
A confissão é o sacramento instituído por Nosso Senhor Jesus Cristo para perdoar os pecados cometidos depois do batismo.

* 145. Que coisas se exigem para fazer uma boa confissão?
Para fazer uma boa confissão se exigem cinco coisas: 1º - exame - 2º - arrependimento - 3º - propósito - 4º - confissão - 5º - satisfação.

1º - DO EXAME

146. Como devemos fazer o exame de consciência?
Para fazer o exame de consciência nós nos devemos pôr na presença de Deus e procurar lembrar com cuidado os pecados cometidos.

2º – DO ARREPENDIMENTO

* 147. Que é o arrependimento dos pecados?
O arrependimento dos pecados é uma verdadeira e sincera detestação dos pecados cometidos, com firme propósito de nunca mais pecar.

148. Que devemos fazer para conseguir o arrependimento?
Para conseguir o arrependimento devemos pedi-lo a Deus, e provocá-lo em nós pensando no grande mal que fizemos, quando pecamos: ofendemos a Deus que é tão bom; esquecemos do nosso Salvador pregado na cruz e merecemos o purgatório ou o inferno.

* 149. O arrependimento deve estender-se a todos os pecados?
Sim. O arrependimento deve estender-se a todos os pecados mortais cometidos.

3º – DO PROPÓSITO

* 150. Em que consiste o propósito?
O propósito consiste na vontade firme e decidida de nunca mais pecar, e de empregar todos os meios necessários para evitar o pecado.

4º – DA CONFISSÃO

151. Em que consiste a confissão?
A confissão consiste na acusação clara e distinta dos pecados, feita ao confessor, para recebermos a absolvição e a penitência.

* 152. Que pecados somos obrigados a confessar?

Somos obrigados a confessar somente os pecados mortais; mas é bom confessar também os pecados veniais.

153. Como devemos acusar os pecados mortais?

Devemos acusar os pecados mortais, declarando o número deles, a espécie e as circunstâncias que mudam a espécie ou que mudam o pecado venial em mortal.

154. Que pecado cometerá quem, por vergonha ou medo, se tiver confessado mal?

Quem, por vergonha ou medo, houvesse ocultado pecado grave, ou mentido em matéria grave, na confissão, não alcançaria perdão de nenhum pecado e cometeria um sacrilégio.

* 155. Que deve fazer quem, na confissão, esqueceu pecados mortais?

Quem, na confissão, esqueceu pecados mortais, deve acusá-los na primeira confissão que fizer.

5º – DA SATISFAÇÃO

156. Que é a satisfação?

A satisfação é a execução da penitência imposta pelo confessor.

* 157. Quando se deve cumprir a penitência?

Se o confessor marcar tempo, o penitente deverá cumprir a penitência no tempo marcado; se não marcar, convém que a cumpra o quanto antes.

158. Que fim tem a penitência imposta pelo confessor?

A penitência imposta pelo confessor tem por fim a reparação da injúria feita a Deus pelos pecados cometidos.

1. Exame de consciência: o filho pródigo pensativo entre os porcos.

2. Arrependimento: Como fui mau para meu pai! E ele é tão bom!

3. Propósito: Vou voltar para casa de meu pai!

4. Confissão: Meu pai eu pequei!

5. Satisfação: Em casa, obediente ao pai.

18
Jesus, alívio dos doentes

159. Como é que Jesus alivia os doentes?
Jesus alivia os doentes pela unção dos enfermos.

* 160. Que é a unção dos enfermos?
A unção dos enfermos é o sacramento instituído por Nosso Senhor Jesus Cristo para alívio espiritual e corporal dos enfermos.

161. A unção dos enfermos serve apenas para nos garantir a felicidade no céu?
Não. A unção dos enfermos serve também como remédio para nos restituir a saúde do corpo.

* 162. Quando devemos chamar o sacerdote para a unção dos enfermos?
Devemos chamar o sacerdote para a unção dos enfermos quando a doença é grave e coloca o doente em perigo de vida.

163. É preciso esperar que o doente entre em agonia?
Não se deve esperar tanto. O doente deve estar consciente, porque, antes de receber a santa unção, deve confessar-se e, se possível, comungar.

* 164. Que fazer quando alguém morre repentinamente?

Quando alguém morre repentinamente, devemos chamar o sacerdote quanto antes.

Tudo preparado para a unção dos enfermos:

1 – mesa ao lado da cama do enfermo. 2 – crucifixo e velas. 3 – água benta com um raminho para aspergir. 4 – pequeno recipiente com água natural. 5 – bacia com água, toalha e sabonete. 6 – algodão.

19
JESUS CONOSCO PELOS PADRES

* 165. Por que dizemos que Jesus fica conosco pelos padres?
Dizemos que Jesus fica conosco pelos padres porque os padres são ministros e representantes de Jesus.

166. Como é que os padres se tornam ministros e representantes de Jesus?
Os padres se tornam ministros e representantes de Jesus pelo Sacramento da Ordem.

* 167. Que é a Ordem?
A Ordem é o sacramento que Jesus Cristo instituiu para transmitir aos sacerdotes o poder de exercer as funções sagradas e a graça necessária de exercê-las santamente.

* 168. Quais são as principais funções sagradas?
As principais funções sagradas são:
1º – celebrar a santa missa.
2º – administrar os santos sacramentos.
3º – pregar a palavra de Deus.
4º – cuidar para que todos os homens cheguem com segurança ao céu.

169. Qualquer menino pode ser padre?

Sim. Qualquer menino pode ser padre. Basta que Jesus o escolha.

170. Em geral, como sabe o menino que Jesus o escolheu?

O menino sabe que Jesus o escolheu:

1° - quando deseja ser padre para ajudar a Jesus.

2° - quando é piedoso, amigo da oração e das coisas da Igreja.

3° - quando é puro e habituado a viver sem pecado mortal.

4° - quando é estudioso.

5° - quando tem boa saúde.

171. Que deve fazer o menino que pensa ser escolhido?

O menino que pensa ser escolhido deve conversar sobre isso com um sacerdote quanto antes.

* 172. Jesus precisa muito de bons padres?

Sim. Jesus precisa muito de bons padres para dar a todos os homens a salvação que Ele nos trouxe.

173. Gomo se chama o lugar onde se preparam os futuros sacerdotes?

O lugar onde se preparam os futuros sacerdotes se chama seminário. Os alunos se chamam seminaristas.

Um bispo ordena um novo sacerdote.

20
JESUS UNE PARA SEMPRE OS CASADOS

174. Como é que Jesus une os casados para sempre?
Jesus une os casados para sempre pelo matrimônio.

* 175. Que é o matrimônio?
O matrimônio é o sacramento que Nosso Senhor Jesus Cristo instituiu para santificar e firmar **para sempre** a união entre o homem e a mulher e dar-lhes a graça de se amarem com fidelidade e educarem cristãmente seus filhos.

* 176. Por que o Sacramento do Matrimônio une para sempre os casados?
O matrimônio une **para sempre** os casados porque assim o determinou Deus, desde o princípio, e Jesus Cristo o confirmou.

177. O chamado casamento civil é verdadeiro para os cristãos?
Não. O casamento civil não é sacramento, e por isso não é verdadeiro para os cristãos.

178. Que fazer onde for lei o casamento civil?
Onde for lei o casamento civil, os noivos cristãos apresentem-se também ao oficial civil, a fim de conse-

guirem os efeitos civis. Mas antes do casamento religioso não podem viver como marido e mulher.

* 179. Pode o casamento cristão ser desfeito pelo magistrado civil?

Nunca. O casamento cristão só é desfeito pela morte de um dos cônjuges.

* 180. Que pensar então do divórcio?

O divórcio é contrário à lei de Deus, à felicidade das famílias e aos interesses da sociedade.

* 181. Perante quem se deve celebrar o matrimônio?

Para que o casamento seja válido exige-se que não haja impedimento que o anule, e seja celebrado na presença do pároco, em sua paróquia, e de duas testemunhas.

182. Que fazer, quem pensa seriamente em casar-se?

Quem pensa seriamente em casar-se deve orar muito, viver de maneira exemplar e pedir o conselho dos pais e do confessor.

183. Como tratar o casamento?

Para tratar o casamento os noivos devem fazer o seguinte:

1º – apresentar-se ao Pe. vigário pelo menos um mês antes.

2º – repetir a doutrina católica em geral e especialmente a doutrina sobre o matrimônio, para um exame perante o vigário.

3º – apresentar os seguintes documentos:
– certidão de batismo tirada recentemente.
– autorização do vigário se a noiva deseja casar-se fora de sua paróquia.
– comprovante de que o processo civil já está em andamento.

184. Como santificar o dia do casamento?

O dia do casamento seja santificado por uma boa confissão geral e santa comunhão.

Casamento durante a santa missa.

21
Jesus nos ama pela Igreja

* 185. Ao voltar para o céu, Jesus deixou os homens abandonados?
Não. Antes de voltar para o céu Jesus nos deixou a Igreja.

* 186. Que é a Igreja?
A Igreja é a Família de Deus, formada pelos batizados, que vivem conforme os ensinamentos de Jesus, governados pelo papa, bispos e sacerdotes. A Igreja chama-se também Corpo Místico de Cristo.

187. Por que se chama a Igreja de Corpo Místico de Cristo?
Chama-se a Igreja de Corpo Místico de Cristo porque, pelo batismo, todos nós passamos a viver a mesma vida sobrenatural de Cristo, unidos a Ele como os membros de um corpo à cabeça.

188. A quem Cristo confiou o governo da Igreja?
Cristo confiou o governo da Igreja a São Pedro com os apóstolos e seus legítimos sucessores.

189. Quais são os legítimos sucessores de São Pedro e dos apóstolos?
Os legítimos sucessores de São Pedro e dos apóstolos são o papa e os bispos.

190. Que é um concílio?
Concílio é a reunião dos bispos convocados pelo papa para o governo da Igreja.

191. Pode a Igreja errar, quando nos manda crer alguma coisa?
Não. A Igreja não pode errar quando nos manda crer alguma coisa, porque o Espírito Santo a guarda do erro. Por isso é infalível.

192. O papa também é infalível?
Sim. O papa é infalível.

* 193. Por que dizemos que Jesus nos ama pela Igreja?
Dizemos que Jesus nos ama **pela Igreja** porque, pelo papa, bispos e padres da Igreja, é Ele mesmo que continua a salvar os homens. O papa, os bispos e padres são apenas seus ministros, representantes.

194. Como é que Jesus salva os homens por meio de seus ministros?
São vários os modos de Jesus salvar os homens por meio de seus ministros. Eis os principais:

1-A pregação: Jesus mandou seus ministros ensinar a verdadeira fé ao homens, em seu nome, com sua autoridade.

2 - Os sacramentos: é o próprio Jesus que se serve de seus ministros para nos dar os sacramentos.

O governo visível da Igreja

Bispo – Papa – Vigário

3 – A missa: é o próprio Jesus que, como chefe da Igreja, unido aos fiéis pelos ministros,
a) renova o sacrifício do calvário;
b) dá amor e glória à Santíssima Trindade.

195. Existe uma palavra para indicar esta ação misteriosa e salvadora de Jesus na Igreja?

Esta ação misteriosa e salvadora de Jesus na Igreja se chama liturgia.

22
COMO AMAR A JESUS

* 196. Quando é que amamos a Jesus como Ele merece?
Amamos a Jesus como Ele merece quando vivemos na graça de Deus e praticamos as obras de misericórdia.

* 197. Que nos ensinam as obras de misericórdia?
As obras de misericórdia nos ensinam a amar ao próximo como a nós mesmos, por amor a Jesus.

198. Quantas são as obras de misericórdia?
As obras de misericórdia são quatorze: sete corporais e sete espirituais.

As corporais são:
1º – Dar de comer a quem tem fome.
2º – Dar de beber a quem tem sede.
3º – Vestir os nus.
4º – Dar pousada aos peregrinos.
5º – Visitar os enfermos e encarcerados.
6º – Remir os cativos.
7º – Enterrar os mortos.

As espirituais são:
1º – Dar bom conselho.
2º – Ensinar os ignorantes.

3º – Corrigir os que erram.
4º – Consolar os aflitos.
5º – Perdoar as injúrias.
6º – Sofrer com paciência as fraquezas do próximo.
7º – Rogar a Deus pelos vivos e defuntos.

* 199. Por que devemos praticar as obras de misericórdia?

Devemos praticar as obras de misericórdia:

1º – porque Jesus ama a todos os homens e quer que nós nos amemos uns aos outros com o mesmo amor com que Ele nos amou.

2º – porque amar com o amor de Jesus é sentir-se responsável pela salvação eterna do próximo, pois Jesus morreu crucificado para salvar a todos os homens.

3º – porque Jesus quer que vivamos como uma grande família, a família de Deus.

4º – porque Jesus nos vai julgar conforme o grau do nosso amor ao próximo.

Obras corporais.

Obras espirituais.

Apêndice

A. Orações

Persignar-se

Pelo sinal † da santa cruz, livrai-nos, Deus, † Nosso Senhor, dos nossos † inimigos. Em nome do Pai, e do Filho, † e do Espírito Santo. Amém.

Credo

Creio em Deus, Pai todo-poderoso, criador do céu e da terra. E em Jesus Cristo, seu único Filho, nosso Senhor, que foi concebido pelo poder do Espírito Santo, nasceu da Virgem Maria; padeceu sob Pôncio Pilatos; foi crucificado, morto e sepultado; desceu à mansão dos mortos; ressuscitou ao terceiro dia; subiu aos céus, está sentado à direita de Deus, Pai todo-poderoso, de onde há de vir a julgar os vivos e os mortos. Creio no Espírito Santo; na santa Igreja Católica; na comunhão dos santos; na remissão dos pecados; na ressurreição da carne; na vida eterna. Amém.

Pai-nosso

Pai nosso, que estais nos céus, santificado seja o vosso nome; venha a nós o vosso reino, seja feita a vossa vontade, assim na terra como no céu. O pão nosso de cada dia nos dai hoje; perdoai-nos as nossas ofensas, assim como nós perdoamos a quem nos tem ofendido. Não nos deixeis cair em tentação, mas livrai-nos do mal. Amém.

Ave-Maria

Ave, Maria, cheia de graça, o Senhor é convosco; bendita sois vós entre as mulheres, e bendito é o fruto do vosso ventre, Jesus. Santa Maria, Mãe de Deus, rogai por nós, pecadores, agora e na hora da nossa morte. Amém.

Salve-Rainha

Salve, Rainha, Mãe de misericórdia, vida, doçura, esperança nossa, salve! A vós bradamos, os degredados filhos de Eva. A vós suspiramos, gemendo e chorando neste vale de lágrimas. Eia, pois, advogada nossa, esses vossos olhos misericordiosos a nós volvei, e depois deste desterro nos mostrai Jesus, bendito fruto do vosso ventre, ó clemente, ó piedosa, ó doce sempre Virgem Maria.

℣. Rogai por nós, Santa Mãe de Deus.

℟. Para que sejamos dignos das promessas de Cristo.

Atos de fé, esperança, caridade, contrição

Ato de fé

Eu creio firmemente que há um só Deus, em três pessoas realmente distintas, Pai, Filho e Espírito Santo; que dá o céu aos bons e o inferno aos maus para sempre. Creio que o Filho de Deus se fez homem, padeceu e morreu na cruz para nos salvar, e que ao terceiro dia ressuscitou. Creio tudo o mais que crê e ensina a Santa Igreja Católica, Apostólica, porque Deus, verdade infalível, lho revelou. E nesta crença quero viver e morrer.

Ato de esperança

Eu espero, meu Deus, com firme confiança, que pelos merecimentos de meu Senhor Jesus Cristo me dareis a salvação eterna e as graças necessárias para consegui-la, porque vós, sumamente bom e poderoso, o haveis prometido a quem observar fielmente os vossos mandamentos, como eu proponho fazer com vosso auxílio.

Ato de caridade

Eu vos amo, meu Deus, de todo o meu coração e sobre todas as coisas, porque sois infinitamente bom e amável, e antes quero perder tudo do que vos ofender. Por amor de vós amo ao meu próximo como a mim mesmo.

Ato de contrição

Senhor meu Jesus Cristo, Deus e homem verdadeiro, Criador e Redentor meu, por serdes vós quem sois sumamente bom e digno de ser amado sobre todas as coisas; e porque vos amo e estimo, pesa-me, Senhor, de todo o meu coração, de vos ter ofendido; pesa-me também por ter perdido o céu e merecido o inferno; e proponho firmemente, ajudado com os auxílios de vossa divina graça, emendar-me e nunca mais vos tornar a ofender. Espero alcançar o perdão de minhas culpas pela vossa infinita misericórdia. Amém.

Breve ato de contrição

Para o confessionário

Para crianças: Meu Deus, tenho muita pena de ter pecado, pois mereci ser castigado e ofendi a Vós, meu Pai e meu Salvador. Perdoai-me, Senhor. Não quero mais pecar.

Para adultos: Meu Jesus, crucificado por minha culpa, estou arrependido de ter feito pecado, pois ofendi a Vós, que sois tão bom e mereci ser castigado neste mundo e no outro. Mas perdoai-me, Senhor. Não quero mais pecar. Amém.

Oração para a manhã

Pelo sinal. . .

Meu Deus, creio que estais aqui presente; adoro-vos e vos amo de todo o meu coração; dou-vos infinitas graças por me haverdes criado e feito nascer no grêmio da Igreja Católica; por me haverdes conservado nesta noite (ou neste dia) e preservado de uma morte repentina.

Em união com os merecimentos de Jesus Cristo, de sua Mãe Santíssima e de todos os santos, vos ofereço todos os meus pensamentos, palavras e obras, para vossa maior glória, em ação de graças por todos os benefícios que de vós tenho recebido, em satisfação de meus pecados. Faço tenção de ganhar todas as indulgências que hoje posso ganhar. Dignai-vos, Senhor, de preservar-me neste dia (ou nesta noite) do pecado, e livrai-me de todo o mal. Amém.

Pai-nosso. Ave-Maria.

Consagração a Maria Santíssima

Ave, Maria...

Ó Senhora minha, ó minha Mãe! eu me ofereço todo a vós, e, em prova de minha devoção para convosco, vos consagro meus olhos, meus ouvidos, minha boca, meu coração e inteiramente todo o meu ser. E como assim sou vosso, ó incomparável Mãe, guardai-me, defendei-me, como coisa e propriedade vossa.

Salve-Rainha (p. 68).

> Santo anjo do Senhor,
> Meu zeloso guardador,
> Se a ti me confiou
> A piedade divina,
> Sempre me rege e guarda,

Governa e ilumina. Glória ao Pai, ao Filho e ao Espírito Santo. Como era no princípio, agora e sempre. Amém.

O Anjo do Senhor

℣. O anjo do Senhor anunciou a Maria.
℟. *E ela concebeu do Espírito Santo.*
Ave-Maria, etc.

℣. Eis aqui a escrava do Senhor.
℟. *Faça-se em mim segundo a vossa palavra.*
Ave-Maria. etc.

℣. E o Verbo se fez carne.
℟. *E habitou entre nós.*
Ave-Maria, etc.

℣. Rogai por nós Santa Mãe de Deus.
℟. *Para que sejamos dignos das promessas de Cristo.*

Oremos. – Infundi, Senhor, vos suplicamos, vossa graça em nossas almas, para que nós, que, pela anunciação do anjo, viemos ao conhecimento da encarnação de Jesus Cristo, Vosso Filho, pela sua paixão e cruz, sejamos conduzidos à glória da ressurreição. Pelo mesmo Jesus Cristo Senhor Nosso. Amém. Glória ao Pai, etc. (3 vezes).

Para o Tempo Pascal
℣. Rainha do céu, alegrai-vos, aleluia.

℟. *Porque quem merecestes trazer em vosso puríssimo seio, aleluia.*

℣. Ressuscitou como disse, aleluia.

℟. *Rogai por nós a Deus, aleluia.*

℣. Exultai e alegrai-vos, ó Virgem Maria, aleluia.

℟. *Porque o Senhor ressuscitou verdadeiramente, aleluia.*

Oremos. – Ó Deus, que vos dignastes alegrar o mundo com a ressurreição do vosso Filho Jesus Cristo, Senhor nosso, concedei-nos, vo-lo suplicamos, que por sua mãe, a Virgem Maria, alcancemos os prazeres da vida eterna. Pelo mesmo Cristo Nosso Senhor. Amém.

Oração a Cristo-Rei

Ó Cristo Jesus, eu vos reconheço como Rei universal. Tudo o que foi feito, para vós foi criado. Exercei sobre mim todos os vossos direitos. – Renovo as minhas promessas do Batismo, renunciando a satanás, às suas pompas e às suas obras. Prometo viver como bom cristão. E mui particularmente empenhar-me-ei a fazer triunfar por todos os meios a meu alcance os direitos de Deus e da vossa Igreja. Divino Coração de Jesus, ofereço-vos as minhas pobres ações para alcançar que todos os corações reconheçam a vossa realeza sagrada, e que por esse modo o reino da vossa paz se estabeleça em todo o mundo. Assim seja.

Oração para a noite

Pelo sinal. . .

Meu Deus, creio que estais aqui presente, etc.

(Com todas as orações, como pela manhã).

Ato de esperança e caridade

Eu espero em vós, meu Deus, porque sois clemência inefável, e vos amo sobre todas as coisas, porque sois bondade infinita.

Depois deste ato de esperança e caridade, faça-se o seguinte breve exame.

Exame de consciência

Examinemos a nossa consciência e lembremo-nos dos pecados que hoje cometemos por pensamentos, palavras, ações ou omissões.

1º Nas nossas orações e outros exercícios de piedade (pausa).

2º No respeito e docilidade para com os nossos pais e quaisquer outros nossos superiores, e no cumprimento das nossas obrigações (pausa).

3º No cuidado sobre os nossos sentidos, particularmente a vista e a língua; se falamos mal do próximo; se proferimos alguma palavra grosseira ou desonesta (pausa).

4º Nas ações, pensamentos e afeições: se houve alguma coisa menos digna e desregrada (pausa).

5º No exercício da caridade: se maltratamos o nosso próximo e se, podendo socorrer a algum pobre, deixamos de fazê-lo (pausa).

Terminado este exame, segue-se o Ato de Contrição, Pai-nosso, Ave, Glória.

Orações para a confissão

Preparação para a confissão

Ó meu Deus e Senhor, vou receber agora o Santo Sacramento da Confissão. Ajudai-me com a vossa graça, porque nada posso sem vós. Enviai-me o Espírito Santo, para que conheça quão gravemente pequei e para que me arrependa devidamente dos meus pecados, e faça um bom propósito de não pecar mais. Vinde em meu socorro, para que confesse sinceramente e não cale nada que deva dizer. Dai-me força para emendar-me verdadeiramente. Amém.

Exame de consciência

Examina-te agora: Quando confessei-me a última vez? Essa confissão foi bem feita?

Não deixei algum pecado? Cumpri a penitência que me foi imposta?

Seguem os pecados que mais facilmente se podem cometer. Examina quais cometeste e, se for um pecado mortal, quantas vezes o cometeste.

1º Mandamento

Não rezei de manhã e à noite, por preguiça ou por falsa vergonha? – Estive distraído ou negligente na oração? – Fui irreverente na igreja? – Tive vergonha de minha religião? – Neguei ou duvidei de algumas das verdades da nossa santa religião, ou falei contra elas? – Li livros ou jornais, que falam mal da religião? – Tive devoções falsas, consultei cartomantes, sortistas ou espiritistas? – Desconfiei da misericórdia de Deus? – Queixei-me de sua providência?

2º Mandamento

Proferi irreverentemente o nome de Deus ou outros santos nomes? – Blasfemei contra Deus ou contra os santos? – Jurei falso ou sem necessidade? – Roguei pragas? – Zombei das coisas santas? – Fiz promessas e não as cumpri?

3º Mandamento

Faltei à missa nos domingos e nos dias santos de guarda por minha culpa? – Fui tarde à missa nos domingos e dias santos de guarda? – Trabalhei ou mandei trabalhar sem necessidade nos domingos e dias santos de guarda?

4º Mandamento

Fui desobediente a meus pais? – Faltei-lhes ao respeito? – Fui desobediente e atrevido com os mestres? – Observei os mandamentos da Igreja? – (Se és pai de família ou encarregado dela, examina-te: Amei, eduquei, assisti, castiguei, dei bom exemplo a meus filhos?).

5º Mandamento

Briguei com meus irmãos ou com outras pessoas? – Dei neles ou desejei-lhes mal? – Tive inveja? – Fiquei com raiva? – Chamei nomes? – Tive ódio de alguém? – Provoquei outros a pecar? – Dei mau exemplo?

6º e 9º Mandamentos

Pensei voluntariamente em coisas desonestas? – Desejei fazer coisas desonestas? – Olhei para pinturas, estampas ou figuras desonestas? – Tive conversas desonestas, ou as ouvi com prazer? – Cantei coisas impuras? – Li algum livro ou algum escrito desonesto? – Assisti a bailes ou espetáculos perigosos? – Fiz coisas desonestas?

7º e 10º Mandamentos

Desejei furtar alguma coisa? – Não restituí coisas achadas, conhecendo o dono? – Dei prejuízo ao próximo nos seus bens? – Comprando ou vendendo, enganei no preço, medida ou quantidade das coisas? – Não cumpri com as obrigações de meu estado, emprego ou ofício?

8º Mandamento

Menti? – Prejudiquei a outro mentindo? – Descobri algum pecado oculto de outra pessoa, ainda que fosse certo, ou semeei discórdia entre as famílias? – Levantei um falso? – Fiz juízos temerários, ou murmurei da vida alheia? – Amei e servi o meu próximo na medida de minhas possibilidades?

Arrependimento e propósito

Eis-me aqui, Senhor, cheio de confusão, à vista de minhas culpas. Ah! quantas vezes pequei! Não sou digno de ser chamado vosso filho. Aos anjos que pecaram, logo os reprovastes, a Adão e Eva expulsastes do paraíso depois de pecarem. Mas a mim ainda me suportais. Quanta gratidão vos devo por isso e quão ingrato fui! Esqueci-me dos vossos benefícios. Vós me criastes para o céu, mas eu fiz tão pouca diligência para o alcançar. Vosso Filho Jesus me remiu por sua amarga paixão e morte na cruz, e por amor de mim derramou todo o seu sangue. Mas eu, em vez de mostrar gratidão a tanto amor, renovei sua paixão com meus pecados. Ó meu Deus, perdoai-me. Sei que fiz mal. Pesa-me de não vos ter amado, mas desprezado e ofendido! Quero agora emendar-me sinceramente e vos provar o meu amor, amando e servindo o meu próximo assim como me ensinastes.

Ato de contrição

(ver p. 71)

Modo de confessar

Ao entrar no confessionário, ajoelha-mo-nos, pedimos a bênção do padre dizendo: Padre, dai-me a vossa bênção porque pequei. A minha última confissão foi... (e dizemos desde que tempo não nos confessamos). Os meus pecados são estes... (e dizemos os nossos pecados). Terminando, dizemos: É só, senhor padre. Ouvimos então atentamente as palavras do confessor.

Oração para depois da confissão

Quão grande é, Senhor, vosso amor e bondade! Creio que, pela boca do sacerdote, me perdoastes meus pecados. Quantas graças vos devo por vossa grande misericórdia! Não permitais, Senhor, que me esqueça desta graça. Proponho firmemente evitar o pecado. Abençoai, Senhor, este propósito e fortalecei-me, para que não torne a cair. Isto vos peço por Jesus Cristo, vosso Filho, que com seu sangue precioso me lavou dos meus pecados. Amém.

Santa Mãe de Deus, ajudai-me para emendar-me dos meus pecados.

Santo anjo da guarda, não me desampareis. Amém.

(Agora reza a penitência que te foi imposta pelo confessor).

Ação de Graças para depois da Comunhão

℣. Achei aquele a quem ama a minha alma, guardá-lo-ei e não o deixarei afastar-se de mim.

℟. *Ficaremos convosco, Senhor.*

℣. Ó meu amável Jesus, eu vos adoro de todo o meu coração. Bendito sejais, ó Filho eterno do Altíssimo, que vos dignais unir-vos hoje inteiramente a mim e tomar posse do meu coração. E incapaz de oferecer-vos dignas ações de graças por tão grande benefício, uno-me às orações que os anjos e os santos vos tributam no céu, e rogo-lhes que vos agradeçam por mim e vos louvem eternamente.

℟. *Bendito sejais – ó Filho eterno do Altíssimo.*

℣. Ó meu amável Jesus, que sois a mesma bondade, abrasai-me cada vez mais no fogo do vosso amor. Eu vos ofereço o meu corpo e a minha alma. Tudo o que sou e tenho, consagro ao vosso serviço e à vossa honra. Disponde de mim segundo a vossa vontade. Recebei, Senhor, apesar da minha indignidade, a oferta que vos faço de mim mesmo, para que daqui por diante não possa separar-me de vós.

℟. *Somos vossos para sempre, ó Jesus.*

℣. Ó meu amável Jesus, que conheceis a minha fraqueza e as necessidades de minha alma, concedei-me a graça de emendar-me dos meus defeitos e de adiantar-me na virtude. Abençoai meus pais, os meus parentes e benfeitores, os meus amigos e inimigos e concedei-nos a graça de todos nos vermos um dia reunidos no céu.

℟. *Abençoai-nos, ó Jesus.*

℣. O corpo de Nosso Senhor Jesus Cristo guarde a minha alma para a vida eterna.

℟. *Amém.*

Alma de Cristo

Alma de Cristo, santificai-me.
Corpo de Cristo, salvar-me.
Sangue de Cristo, inebriai-me.
Água do lado de Cristo, lavai-me.
Paixão de Cristo, confortai-me.
Ó bom Jesus, ouvi-me.
Dentro das vossas chagas escondei-me.
Não permitais que eu me separe de vós.
Do espírito maligno defendei-me.
Na hora, da morte chamai-me.
E mandai-me ir para vós.
Para que com vossos santos vos louve.
Por todos os séculos dos séculos. Amém.

Oração da comunidade cristã

A santa missa

É o Sacrifício da Cruz feito presente – é a Ceia do Senhor – a Consagração e a Comunhão do Pão da Vida – a celebração da Palavra e da Presença do Senhor Jesus, morto e ressuscitado.

Ritos iniciais

S. Em nome do Pai e do Filho e do Espírito Santo.

C. **Amém.**

S. A graça de nosso Senhor Jesus Cristo, o amor do Pai e a comunhão do Espírito Santo estejam convosco.

C. **Bendito seja Deus que nos reuniu no amor de Cristo.**

S. Irmãos, reconheçamos as nossas culpas para celebrar dignamente os santos mistérios.

Ato penitencial
1º fórmula

S. Confessemos os nossos pecados.

C. **Confesso a Deus todo-poderoso**
e a vós, irmãos,
que pequei muitas vezes
por pensamentos e palavras,
atos e omissões,
por minha culpa, minha tão grande culpa.
E peço à Virgem Maria,
aos anjos e santos
e a vós, irmãos,
que rogueis por mim a Deus Nosso Senhor.

2º fórmula

S. Senhor, que viestes salvar os corações arrependidos, tende piedade de nós.

C. **Senhor, tende piedade de nós.**

S. Cristo, que viestes chamar os pecadores, tende piedade de nós.

C. **Cristo, tende piedade de nós.**

S. Senhor, que intercedeis por nós junto do Pai, tende piedade de nós.

C. **Senhor, tende piedade de nós.**

S. Deus todo-poderoso tenha compaixão de nós, perdoe os nossos pecados e nos conduza à vida eterna.

C. **Amém**.

(Depois da primeira fórmula, segue:)

S. Senhor, tende piedade de nós.

C. **Senhor, tende piedade de nós.**

S. Cristo, tende piedade de nós.

C. **Cristo, tende piedade de nós.**

S. Senhor, tende piedade de nós.

C. **Senhor, tende piedade de nós.**

Hino à Santíssima Trindade

Glória a Deus nas alturas,
e paz na terra aos homens
por Ele amados.
Senhor Deus, Pai dos céus, Deus Pai todo-poderoso:
nós vos louvamos,
nós vos bendizemos,
nós vos adoramos,
nós vos glorificamos,
nós vos damos graças por vossa imensa glória.
Senhor Jesus Cristo, Filho Unigênito,
Senhor Deus, Cordeiro de Deus,
Filho de Deus Pai.
Vós que tirais o pecado do mundo,
tende piedade de nós.
Vós que tirais o pecado do mundo,
acolhei a nossa súplica.
Vós que estais à direita do Pai,
tende piedade de nós.
Só vós sois o Santo,
só vós, o Senhor,
só vós, o Altíssimo, Jesus Cristo,
com o Espírito Santo,
na glória de Deus Pai. Amém.

Liturgia da palavra

(Terminada a primeira e a segunda leituras:)

L. Palavra do Senhor.
C. Graças a Deus.

(Ao Evangelho):

S. O Senhor esteja convosco.
C. Ele está no meio de nós.
S. Evangelho de Jesus Cristo segundo...
C. Glória a Vós, Senhor.
S. ...Palavra da Salvação.
C. Glória a Vós, Senhor.

Segue a homilia ou sermão do sacerdote e em seguida reza-se

Credo

**Creio em Deus Pai todo-poderoso
criador do céu e da terra;
e em Jesus Cristo, seu único Filho,
nosso Senhor:
que foi concebido pelo poder
do Espírito Santo;**

nasceu da Virgem Maria,
padeceu sob Pôncio Pilatos,
foi crucificado, morto e sepultado;
desceu à mansão dos mortos;
ressuscitou ao terceiro dia;
subiu aos céus,
está sentado à direita de Deus Pai todo-poderoso,
donde há de vir a julgar os vivos e os mortos.
Creio no Espírito Santo,
na santa Igreja Católica,
na comunhão dos santos,
na remissão dos pecados,
na ressurreição da carne,
na vida eterna. Amém.

(Segue a Oração dos fiéis)

Preparação das oferendas

S. Bendito sejais, Senhor, Deus do universo, pelo pão que recebemos da vossa bondade, fruto da terra e do trabalho do homem, que agora apresentamos, e para nós se vai tornar pão da vida.

C. **Bendito seja Deus para sempre!**

S. Bendito sejais, Senhor, Deus do universo, pelo vinho que recebemos da vossa bondade, fruto da videira e do trabalho do homem, que agora vos apresentamos, e para nós se vai tornar vinho da salvação.

C. **Bendito seja Deus para sempre!**

S. Orai, irmãos,
para que o nosso sacrifício seja
aceito por Deus Pai todo-poderoso.

C. **Receba o Senhor por tuas mãos este sacrifício,
para glória do seu nome,
para nosso bem e de toda a santa Igreja.**

Oração eucarística

S. O Senhor esteja convosco.

C. **Ele está no meio de nós.**

S. Corações ao alto.

C. **O nosso coração está em Deus.**

S. Demos graças ao Senhor nosso Deus:

C. **É nosso dever e nossa salvação.**

No final

**Santo, Santo, Santo,
Senhor, Deus do universo!
O céu e a terra proclamam a vossa glória.
Hosana nas alturas!
Bendito o que vem em nome do Senhor!
Hosana nas alturas!**

Segue uma das Orações Eucarísticas (p. 93, p. 96, p. 100).

Após a consagração

S. Eis o mistério da fé.

C. **Anunciamos, Senhor, a vossa morte
e proclamamos a vossa ressurreição.
Vinde, Senhor Jesus.**

ou

**Salvador do mundo, salvai-nos,
Vós que nos libertastes
pela cruz e ressurreição.**

ou

**Todas as vezes que comemos deste pão
e bebemos deste cálice,
anunciamos, Senhor, a vossa morte
enquanto esperamos a vossa vinda!**

Para a comunhão

S. Rezemos, confiantes,
a oração que o Senhor nos ensinou:

C. **Pai nosso que estais nos céus...**

S. Livrai-nos de todos os males, ó Pai, e dai-nos hoje a vossa paz. Ajudados pela vossa misericórdia, sejamos sempre livres do pecado e protegidos de todos os perigos, enquanto, vivendo a esperança, aguardamos a vinda do Cristo Salvador.

C. **Vosso é o Reino, o poder e a glória para sempre.**

S. Senhor Jesus Cristo, dissestes aos vossos apóstolos: Eu vos deixo a paz, eu vos dou a minha paz. Não olheis os nossos pecados, mas a fé de vossa Igreja; dai-lhe, segundo o vosso desejo, a paz e a unidade. Vós, que sois Deus, com o Pai e o Espírito Santo.

C. **Amém.**

S. A paz do Senhor esteja sempre convosco.

C. **O amor de Cristo nos uniu.**

(Segue imediatamente:)

Cordeiro de Deus que tirais o pecado do mundo, tende piedade de nós.

Cordeiro de Deus que tirais o pecado do mundo, tende piedade de nós.

Cordeiro de Deus que tirais o pecado do mundo, dai-nos a paz.

S. Felizes os convidados para a ceia do Senhor! Eis o Cordeiro de Deus que tira o pecado do mundo.

C. **Senhor, eu não sou digno de que entreis em minha morada, mas dizei uma palavra e serei salvo.**

Na comunhão

S. O Corpo de Cristo.

C. **Amém.**

Ritos finais

S. O Senhor esteja convosco.

C. **Ele está no meio de nós.**

S. Abençoe-vos Deus todo-poderoso, Pai, Filho e Espírito Santo.

C. **Amém.**

S. Vamos em paz e o Senhor nos acompanhe.

C. **Amém.**

* * *
ORAÇÃO EUCARÍSTICA – II

S. O Senhor esteja convosco!

T. **Ele está no meio de nós.**

S. Corações ao alto.

T. **O nosso coração está em Deus.**

S. Demos graças ao Senhor, nosso Deus.

T. **É nosso dever e nossa salvação.**

S. Na verdade, ó Pai, Deus eterno e todo-poderoso, é nosso dever dar-vos graças, é nossa salvação dar-vos glória, em todo tempo e lugar, por Jesus Cristo, o filho do vosso amor. Ele é a vossa palavra, pela qual tudo criastes. Vós o enviastes como salvador e redentor, verdadeiro homem, concebido do Espírito Santo e nascido da Virgem Maria. Ele, para cumprir a vossa vontade e conquistar um povo santo para o vosso louvor, estendeu os braços na hora da sua paixão, a fim de vencer a morte e manifestar a ressurreição. Por isso, com todos os anjos e santos proclamamos a vossa glória, cantando (dizendo) a uma só voz:

Todos aclamam:
Santo, Santo, Santo, Senhor, Deus do universo! O céu e a terra proclamam a vossa glória. Hosana nas al-

turas! Bendito o que vem em nome do Senhor! Hosana nas alturas!

S. Na verdade, ó Pai, vós sois santo e fonte de toda santidade, santificai estas oferendas, derramando sobre elas o vosso Espírito, a fim de que se tornem para nós o corpo e † sangue de Jesus Cristo, vosso Filho e Senhor nosso.

Estando para ser entregue e abraçando livremente a paixão, ele tomou o pão, deu graças, e o partiu e deu a seus discípulos, dizendo:

TOMAI E COMEI, TODOS VÓS: ISTO É O MEU CORPO, QUE É DADO POR VÓS.

Do mesmo modo, ao fim da ceia, ele tomou o cálice em suas mãos, deu graças novamente, e o deu a seus discípulos, dizendo:

TOMAI E BEBEI, TODOS VÓS: ESTE É O CÁLICE DO MEU SANGUE, O SANGUE DA NOVA E ETERNA ALIANÇA, QUE É DERRAMADO POR VÓS E POR TODOS OS HOMENS, PARA O PERDÃO DOS PECADOS. FAZEI ISTO PARA CELEBRAR A MINHA MEMÓRIA.

Professando a fé, o sacerdote convida o povo a aclamar o Cristo Ressuscitado.

Eis o mistério da fé!

Todos:

a) **Anunciamos, Senhor, a vossa morte e proclamamos a vossa ressurreição. Vinde, Senhor Jesus!**

b) **Todas as vezes que comemos deste pão e bebemos deste cálice, anunciamos, Senhor, a vossa morte enquanto esperamos a vossa vinda!**

c) **Salvador do mundo, salvai-nos, vós que nos libertastes pela cruz e ressurreição.**

Celebrando, pois, a memória da morte e ressurreição do vosso Filho, nós vos oferecemos, ó Pai, o pão da vida e o cálice da salvação; e vos agradecemos porque nos tornastes dignos de estar aqui na vossa presença e vos servir.

E nós vos suplicamos que, participando do corpo e sangue do Cristo, sejamos reunidos pelo Espírito Santo num só corpo.

Lembrai-vos, ó Pai, da vossa Igreja dispersa pelo mundo inteiro: que ela cresça na caridade, com o nosso bispo N... com o papa N... e todo o clero.

Nas missas pelos mortos pode-se acrescentar: Lembrai-vos do vosso filho (da vossa filha) N... que (hoje) chamastes deste mundo à vossa presença. Concedei-lhe que, tendo participado da morte do Cristo pelo batismo, participe igualmente da sua ressurreição.

Lembrai-vos também dos nossos irmãos que morreram na esperança da ressurreição e de todos os que partiram desta vida: acolhei-os junto a vós na luz da vossa face.

Enfim, nós vos pedimos: tende piedade de todos nós e dai-nos participar aa vida eterna, com a Virgem Maria, Mãe de Deus, com os santos apóstolos e todos os que neste mundo vos serviram, a fim de vos louvarmos e glorificarmos. Por Jesus Cristo, vosso Filho.

Por meio de Cristo louvamos a Deus:

POR CRISTO, COM CRISTO, EM CRISTO,
A VÓS, Ó PAI TODO-PODEROSO,
TODA A HONRA E TODA A GLÓRIA
AGORA E PARA SEMPRE
NA UNIDADE DO ESPÍRITO SANTO.

O POVO ACLAMA: AMÉM.

ORAÇÃO EUCARÍSTICA – III

S. Na verdade, vós sois santo, ó Deus do universo, e tudo o que criastes proclama o vosso louvor, porque, por meio de Jesus Cristo, vosso Filho e Senhor nosso, e pela força do Espírito Santo, dais vida e santidade a todas as coisas e não cessais de reunir o vosso povo, para que vos ofereça, do nascer ao pôr do sol, um sacrifício perfeito. Por isso, nós vos suplicamos: santificai pelo Espírito Santo as oferendas que vos apresentamos para serem consagradas, a fim de que se tornem o corpo † o sangue de Jesus Cristo, vosso Filho e Senhor nosso, que nos mandou celebrar este mistério.

Na noite em que ia ser entregue, ele tomou o pão, deu graças, e o partiu, e deu a seus discípulos, dizendo:

TOMAI E COMEI, TODOS VÓS: ISTO É O MEU CORPO, QUE É DADO POR VÓS.

Do mesmo modo, ao fim da ceia, ele tomou o cálice em suas mãos: deu graças novamente, e o deu a seus discípulos, dizendo:

TOMAI E BEBEI, TODOS VÓS: ESTE É O CÁLICE DO MEU SANGUE, O SANGUE DA NOVA E ETERNA ALIANÇA, QUE É DERRAMADO POR VÓS E POR TODOS OS HOMENS, PARA O PERDÃO DOS PECADOS. FAZEI ISTO PARA CELEBRAR A MINHA MEMÓRIA.

da fé!

nhor, a vossa morte e proclamarreição. Vinde, Senhor Jesus!

b) **Todas as vezes que comemos deste pão e bebemos deste cálice, anunciamos, Senhor, a vossa morte enquanto esperamos a vossa vinda!**

c) **Salvador do mundo, salvai-nos, vós que nos libertastes pela cruz e ressurreição.**

Celebrando agora, ó Pai, a memória do vosso Filho, da sua paixão que nos salva, da sua gloriosa ressurreição e da sua ascensão ao céu, e enquanto esperamos a sua nova vinda, nós vos oferecemos em ação de graças este sacrifício de vida e santidade.

Olhai com bondade a oferenda da vossa Igreja, reconhecei o sacrifício que nos reconcilia convosco e concedei que, alimentando-nos com o corpo e o sangue do vosso Filho, sejamos repletos do Espírito Santo e nos tornemos no Cristo um só corpo e um só espírito.

Que ele faça de nós uma oferenda perfeita para alcançarmos a vida eterna com os vossos santos: a Virgem Maria, Mãe de Deus, os vossos apóstolos e mártires, N. (o santo do dia ou o padroeiro) e todos os santos que não cessam de interceder por nós na vossa presença.

E agora, nós vos suplicamos, ó Pai, que este sacrifício da nossa reconciliação estenda a paz e a salvação ao mundo inteiro. Confirmai na fé e na caridade

Igreja, enquanto caminha neste mundo: o vosso servo o papa N., o nosso bispo N., o colégio universal dos bispos com o clero e todo o povo que conquistastes. Atendei às preces da vossa família, que está aqui, na vossa presença. Reuni em vós, Pai de misericórdia, todos os vossos filhos dispersos pelo mundo inteiro.

* Acolhei com bondade no vosso reino os nossos irmãos que partiram desta vida e todos os que morreram na vossa amizade. Unidos a eles, esperamos também nós saciar-nos eternamente da vossa glória. Por Cristo, Senhor nosso. Por meio dele dais ao mundo todo bem e toda graça. *

Por Cristo, com Cristo, em Cristo, a vós, ó Pai todo-poderoso, toda a honra e toda a glória agora e para sempre na unidade do Espírito Santo.

O povo aclama: **AMÉM**!

Nota: Na missa pelos mortos, pode-se dizer:

* Lembrai-vos do vosso filho (da vossa filha) N., que (hoje) chamastes deste mundo à vossa presença. Concedei-lhe que, tendo participado da morte do Cristo pelo batismo, participe igualmente da sua ressurreição, no dia em que ele ressuscitar os mortos, tornando o nosso pobre corpo semelhante ao seu corpo glorioso. Acolhei com bondade no vosso reino os nossos irmãos que partiram desta vida e todos os que morreram na vossa amizade. Unidos a eles, esperamos também nós saciar-nos eternamente da vossa glória, quando enxugardes toda lágrima dos nossos olhos. Então, contemplando-vos como sois, seremos para sempre semelhantes a vós, e cantaremos sem cessar os vossos louvores por Cristo, Senhor nosso. Por meio dele dais ao mundo todo bem e toda graça. *

ORAÇÃO EUCARÍSTICA – IV

S. O Senhor esteja convosco!

T. **Ele está no meio de nós.**

S. Corações ao alto!

T. **O nosso coração está em Deus.**

S. Demos graças ao Senhor, nosso Deus!

T. **É nosso dever e nossa salvação.**

Na verdade, ó Pai, é nosso dever dar-vos graças, é nossa salvação dar-vos glória: só vós sois o Deus vivo e verdadeiro que existis antes de todo o tempo e permaneceis para sempre, habitando em luz inacessível. Mas, porque sois o Deus de bondade e a fonte da vida, fizestes todas as coisas para cobrir de bênçãos as vossas criaturas e a muitos alegrar com a vossa luz. Eis, pois, diante de vós todos os anjos que vos servem e glorificam sem cessar, contemplando a vossa glória. Com eles, também nós, e, por nossa voz, tudo o que criastes, celebramos o vosso nome, cantando (dizendo) a uma só voz:

T. Santo, Santo, Santo, Senhor, Deus do universo! O céu e a terra proclamam a vossa glória. Hosana nas alturas! Bendito aquele que vem em nome do Senhor! Hosana nas alturas!

S. Nós proclamamos a vossa grandeza, Pai santo, a sabedoria e o amor com que fizestes todas as coisas: criastes o homem à vossa imagem e lhe confiastes todo o universo, para que, servindo a vós, seu criador, dominasse toda criatura. E, quando pela desobediência perdeu a vossa amizade, não o abandonastes ao poder da morte, mas a todos socorrestes com bondade, para que, ao procurar-vos, vos pudessem encontrar.

E, ainda mais, oferecestes muitas vezes aliança aos homens e os instruístes pelos profetas na esperança da salvação. E de tal modo, Pai santo, amastes o mundo que, chegada a plenitude dos tempos, nos enviastes vosso próprio Filho para ser o nosso salvador. Verdadeiro homem, concebido do Espírito Santo e nascido da Virgem Maria, viveu em tudo a condição humana, menos o pecado, anunciou aos pobres a salvação, aos oprimidos, a liberdade, aos tristes, a alegria.

E para realizar o vosso plano de amor, entregou-se à morte e, ressuscitando dos mortos, venceu a morte e renovou a vida.

E, a fim de não mais vivermos para nós, mas para Ele, que por nós morreu e ressuscitou, enviou de vós, ó Pai, o Espírito Santo, como primeiro dom aos vossos fiéis, para santificar todas as coisas, levando à plenitude a sua obra.

Nós vos pedimos que o mesmo Espírito Santo santifique estas oferendas, a fim de que se tornem o corpo e † o sangue de Jesus Cristo, vosso Filho e Senhor nosso, para celebrarmos este grande mistério que ele nos deixou em sinal da eterna aliança.

Quando, pois, chegou a hora, em que por vós, ó Pai, ia ser glorificado, tendo amado os seus que estavam no mundo, amou-os até o fim.

Enquanto ceavam, ele tomou o pão, deu graças e o partiu e deu a seus discípulos dizendo:

TOMAI E COMEI, TODOS VÓS: ISTO É O MEU CORPO, QUE É DADO POR VÓS.

Do mesmo modo, ele tomou em suas mãos o cálice com vinho, deu graças novamente, e o deu a seus discípulos dizendo:

TOMAI E BEBEI, TODOS VÓS: ESTE É O CÁLICE DO MEU SANGUE, O SANGUE DA NOVA E ETERNA ALIANÇA, QUE É DERRAMADO POR VÓS E POR TODOS OS HOMENS PARA O PERDÃO DOS PECADOS. FAZEI ISTO PARA CELEBRAR A MINHA MEMÓRIA.

Eis o mistério da fé!

– E o povo aclama:

a) Anunciamos, Senhor, a vossa morte e proclamamos a vossa ressurreição.
Vinde, Senhor Jesus!

ou

b) Todas as vezes que comemos deste pão e bebemos deste cálice,
anunciamos, Senhor, a vossa morte enquanto esperamos a vossa vinda!

ou

c) Salvador do mundo, salvai-nos,
vós que nos libertastes
pela cruz e ressurreição.

Celebrando agora, ó Pai, a memória da nossa redenção, anunciamos a morte do Cristo e sua descida entre os mortos, proclamamos a sua ressurreição e ascensão à vossa direita, e, esperando a sua vinda gloriosa, nós vos oferecemos o seu corpo e sangue, sacrifício do vosso agrado e salvação do mundo inteiro.

Olhai, com bondade, o sacrifício que destes à vossa Igreja e concedei aos que vamos participar do mesmo pão e do mesmo cálice que, reunidos pelo Espírito Santo num só corpo, nos tornemos no Cristo um sacrifício vivo para o louvor da vossa glória.

E agora, ó Pai, lembrai-vos de todos pelos quais vos oferecemos este sacrifício: o vosso servo o papa N... o nosso bispo N... e o colégio universal dos bispos, os presbíteros e todos os ministros, os fiéis que, em torno deste altar, vos oferecem este sacrifício, o povo que vos pertence e todos aqueles que vos procuram de coração sincero.

Lembrai-vos também dos que morreram na paz do vosso Cristo e de todos os mortos dos quais só vós conhecestes a fé. E a todos nós, vossos filhos, concedei, ó Pai de bondade, que, com a Virgem Maria, Mãe de Deus, com os apóstolos e todos os santos, possamos alcançar a herança eterna no vosso reino, onde, com

todas as criaturas, libertas da corrupção do pecado e
da morte, vos glorificaremos por Cristo, Senhor nosso.
Por meio dele dais ao mundo todo bem e toda graça.
Por Cristo,
com Cristo,
em Cristo,
a vós, ó Pai todo-poderoso,
toda a honra e toda a glória,
agora e para sempre
na unidade do Espírito Santo.

O povo aclama: **AMÉM**!

Exercícios para o dia da primeira comunhão das crianças

Renovação das Promessas do Batismo

A fórmula que segue é a mesma da Vigília Pascal. O sacerdote dirá breves palavras de introdução.

C. Renunciais a satanás?
T. *Renuncio.*
C. E a todas as suas obras?
T. *Renuncio.*
C. E a todas as suas pompas?
T. *Renuncio.*

C. Credes em Deus, Pai todo-poderoso, Criador do céu e da terra?

T. *Creio.*

C. Credes em Jesus Cristo, um só seu Filho, Nosso Senhor, que nasceu e padeceu?

T. *Creio.*

C. Credes também no Espírito Santo, na Santa Igreja Católica, na comunhão dos santos, na remissão dos pecados, na ressurreição da carne e na vida eterna?

T. *Creio.*

C. Agora, então, todos juntos, invoquemos a Deus do modo que Nosso Senhor Jesus Cristo nos ensinou rezar:

T. *Pai Nosso, que estais no céu...*

C. E que Deus onipotente, Pai de Nosso Senhor Jesus Cristo, que nos resgatou pela água e pelo Espírito Santo e que nos deu a remissão dos pecados, nos guarde Ele próprio pela sua graça, no mesmo Jesus Cristo Nosso Senhor, para a vida eterna.

T. *Amém.*

Consagração ao Sagrado Coração de Jesus

Sacerdote – Santíssimo Coração de Jesus, eis-nos aqui prostrados na vossa divina presença, para nos consagrarmos a vós para sempre.

Meninos – *Doce Coração de Jesus, tende piedade de nós.*

S. Amabilíssimo Jesus, durante os dias de vossa vida mortal vos aprazíeis em abençoar as crianças e em estreitá-las sobre o vosso divino Coração, dizendo com infinito amor: "Deixai vir a mim as crianças, porque delas é o Reino dos Céus". Muito vos agradecemos, ó Jesus, por nos haverdes querido tanto.

M. *Por gratidão e amor, nós vos oferecemos o nosso coração.*

S. Clementíssimo Jesus, em vossa entrada triunfante em Jerusalém as crianças cantavam: "Hosana: glória ao Filho de Davi!" Unindo hoje as nossas vozes às dos meninos de Jerusalém, repetimos com santa alegria:

M. *Adoração, honra e glória ao Sagrado Coração de Jesus.*

S. Jesus, cheio de bondade, neste belo dia, atendei aos nossos desejos, ouvi as nossas orações. Todos, ao mesmo tempo, vos pedimos pelo vosso preciosíssimo sangue:

M. *Sagrado Coração de Jesus, guardai-nos a inocência e pureza de coração.*

S. Sagrado Coração de Jesus, abençoai os nossos pais, parentes e benfeitores.

M. *Sagrado Coração de Jesus, abençoai os nossos pais, parentes e benfeitores.*

S. Sagrado Coração de Jesus, tende compaixão dos pobres pecadores.
M. *Sagrado Coração de Jesus, tende compaixão dos pobres pecadores.*

S. Ó Jesus, abençoai estas crianças que hoje com tanto fervor se consagram ao vosso divino Coração. São vossas, meu Jesus, protegei-as, defendei-as, e fazei que nenhuma jamais se separe de vós.
M. *Sagrado Coração de Jesus, abençoai-nos; por vosso amor queremos viver e morrer. Amém.*

Consagração ao Coração Imaculado de Maria

Sacerdote – Puríssimo Coração de Maria, pela graça de Deus, fonte inexaurível de bondade, de doçura, de amor e de misericórdia, vós, que amastes a Deus mais que os serafins, Coração imaculado da Mãe de Jesus, que tão vivamente sentistes as nossas misérias e tanto sofrestes pela nossa salvação, que pelo vosso amor mereceis o respeito, o amor, o reconhecimento e a confiança de todos os homens, dignai-vos receber benignamente (hoje, no dia feliz da nossa primeira comunhão) a nossa consagração.

Meninos – *Ó Senhora minha, ó minha Mãe, eu me ofereço todo a vós; / e em prova da minha devo-*

ção para convosco / vos consagro / meus olhos / meus ouvidos / minha boca / meu coração / e inteiramente todo o meu ser. / E como assim sou vosso / ó incomparável Mãe / guardai-me / defendei-me / como coisa e propriedade vossa.

S. Ó Maria, Mãe de Deus e nossa Mãe Santíssima, abençoai estes meninos que vos são consagrados. Guardai-os com cuidado maternal, para que nenhum deles se perca. Defendei-os contra as ciladas do demônio e contra os escândalos do mundo, para que sejam sempre humildes, mansos e puros. Ó Mãe nossa, Mãe de misericórdia, rogai por nós e, depois deste desterro, nos mostrai Jesus, bendito fruto do vosso ventre.
M. *Ó clemente, ó piedosa, ó doce sempre Virgem Maria. Amém.*

Oração para implorar o auxílio de Maria Santíssima

Lembrai-vos, ó piíssima Virgem Maria, que nunca se ouviu dizer que algum daqueles que têm recorrido à vossa proteção, implorado a vossa assistência e reclamado o vosso socorro, fosse por vós desamparado. Animado eu, pois, com igual confiança, a vós, ó Virgem entre todas singular, como a Mãe recorro, de vós me valho, e gemendo sob o peso de meus pecados, me prostro a vossos pés. Não desprezeis as minhas súplicas, ó Mãe do Filho de Deus humanado, mas dignai-vos de as ouvir propícia e de me alcançar o que vos rogo. Amém.

Modo de rezar o rosário

Oferecimento do terço

Divino Jesus, eu vos ofereço este terço, que vou rezar, contemplando os mistérios de nossa redenção. Concedei-me, pela intercessão de Maria, vosssa Mãe Santíssima, a quem me dirijo, as virtudes que me são necessárias para bem rezá-lo e a graça de ganhar as indulgências anexas a esta santa devoção.

PRIMEIRO TERÇO: MISTÉRIOS GOZOSOS

Segundas e quintas-feiras e domingos do Advento até à Quaresma

1º No primeiro mistério contemplamos como a Virgem Maria foi saudada pelo anjo e lhe foi anunciado que havia de conceber e dar à luz a Cristo, nosso Redentor.

Pai-nosso. 10 Ave-Marias, Glória-ao-Pai.

2º No segundo mistério contemplamos como a Virgem Maria foi visitar sua prima Santa Isabel e ficou com ela três meses.

Pai-nosso. 10 Ave-Marias. Glória-ao-Pai.

3º No terceiro mistério contemplamos como a Virgem Maria deu à luz Jesus Cristo, em Belém, e, por não achar lugar na estalagem da cidade, reclinou-o num presépio.
Pai-nosso, 10 Ave-Marias. Glória-ao-Pai.

4º No quarto mistério contemplamos como a Virgem Maria, no dia da sua purificação, apresentou seu Filho no templo, onde estava o velho Simeão, que, tomando-o em seus braços, louvou e deu muitas graças a Deus.
Pai-nosso, 10 Ave-Marias, Glória-ao-Pai.

5º No quinto mistério contemplamos como a Virgem Maria, tendo perdido o seu Filho, que, sem ela o saber, ficara em Jerusalém, o encontrou ao terceiro dia no templo, entre os doutores, disputando com eles.
Pai-nosso, 10 Ave-Marias. Glória-ao-Pai.

SEGUNDO TERÇO: MISTÉRIOS DOLOROSOS

Terças e sextas-feiras e domingo da Quaresma até à Páscoa

1º No primeiro mistério contemplamos como Nosso Senhor Jesus Cristo, no horto, orou e suou sangue em tanta quantidade que chegou a correr por terra.
Pai-nosso, 10 Ave-Marias, Glória-ao-Pai.

2º No segundo mistério contemplamos **como** Nosso Senhor Jesus Cristo foi cruelmente açoitado em casa de Pilatos.
Pai-nosso, 10 Ave-Marias, Glória-ao-Pai.

3º No terceiro mistério contemplamos como Nosso Senhor Jesus Cristo foi coroado de agudos espinhos por seus algozes.
Pai-nosso, 10 Ave-Marias, Glória-ao-Pai.

4º No quarto mistério contemplamos como Nosso Senhor Jesus Cristo, sendo condenado à morte, carregou com grande paciência a cruz que lhe puseram aos ombros.
Pai-nosso, 10 Ave-Marias, Glória-ao-Pai.

5º No quinto mistério contemplamos como Nosso Senhor Jesus Cristo, chegando ao monte Calvário, foi despido e cravado na cruz com duros pregos, à vista de sua aflita Mãe.
Pai-nosso, 10 Ave-Marias, Glória-ao-Pai.

TERCEIRO TERÇO: MISTÉRIOS GLORIOSOS

Quartas-feiras, sábados e domingos da Páscoa até ao Advento

1º No primeiro mistério contemplamos como Nosso Senhor Jesus Cristo, triunfando da morte e dos tor-

mentos, ressuscitou ao terceiro dia, imortal e impassível.
Pai-nosso, 10 Ave-Marias, Glória-ao-Pai.

2º No segundo mistério contemplamos como Nosso Senhor Jesus Cristo, quarenta dias depois de sua ressurreição, subiu ao céu, na presença de sua Mãe Santíssima e dos apóstolos.
Pai-nosso, 10 Ave-Marias, Glória-ao-Pai.

3º No terceiro mistério contemplamos como Nosso Senhor Jesus Cristo, sentado à mão direita de seu eterno Pai, enviou o Espírito Santo sobre os apóstolos reunidos no cenáculo em companhia da Virgem Maria.
Pai-nosso, 10 Ave-Marias, Glória-ao-Pai.

4º No quarto mistério contemplamos como a Imaculada Mãe de Deus, a sempre Virgem Maria, terminado o curso da vida terrestre, foi assunta em corpo e alma à glória celestial.
Pai-nosso, 10 Ave-Marias, Glória-ao-Pai.

5º No quinto mistério contemplamos como a Virgem Maria foi coroada por seu divino Filho no céu.
Pai-nosso, 10 Ave-Marias, Glória-ao-Pai.

Agradecimento

Infinitas graças vos damos, soberana princesa, pelos benefícios que todos os dias recebemos de vossas mãos liberais. Dignai-vos, agora e sempre, tomar-nos debaixo do vosso poderoso amparo e, para mais vos obrigar, vos saudamos com uma
Salve-Rainha

LADAINHA DE NOSSA SENHORA

Senhor, tende piedade de nós.
Jesus Cristo, tende piedade de nós.
Senhor, tende piedade de nós.
Jesus Cristo, ouvi-nos.
Jesus Cristo, atendei-nos.
Deus Pai dos céus, *tende piedade de nós*,
Deus Filho, Redentor do mundo,
Deus Espírito Santo,
Santíssima Trindade, que sois um só Deus,
Santa Maria, *rogai por nós*.
Santa Mãe de Deus,
Santa Virgem das virgens,
Mãe de Jesus Cristo,
Mãe da Divina graça,
Mãe puríssima,
Mãe castíssima,

Mãe imaculada,
Mãe intacta,
Mãe amável,
Mãe admirável,
Mãe do bom conselho,
Mãe do Criador,
Mãe do Salvador,
Virgem prudentíssima,
Virgem venerável,
Virgem louvável,
Virgem poderosa,
Virgem benigna,
Virgem fiel,
Espelho de justiça,
Sede da sabedoria,
Causa da nossa alegria,
Vaso espiritual,
Vaso honorífico,
Vaso insigne de devoção,
Rosa mística,
Torre de Davi,
Torre de marfim,
Casa de ouro,
Arca da aliança,
Porta do céu,

Estrela da manhã,
Saúde dos enfermos,
Refúgio dos pecadores,
Consoladora dos aflitos,

Auxílio dos cristãos,

Rainha dos anjos,
Rainha dos patriarcas,
Rainha dos profetas,
Rainha dos apóstolos,
Rainha dos mártires,
Rainha dos confessores,
Rainha das virgens,
Rainha de todos os santos,
Rainha concebida sem pecado original,
Rainha assunta ao céu,
Rainha do Santo Rosário,
Rainha da paz,
Cordeiro de Deus, que tirais os pecados do mundo, perdoai-nos, Senhor.

Cordeiro de Deus, que tirais os pecados do mundo, ouvi-nos, Senhor.

Cordeiro de Deus, que tirais os pecados do mundo, tende piedade de nós.

℣. Rogai por nós, Santa Mãe de Deus.
℟. Para que sejamos dignos das promessas de Cristo.

Oremos

Suplicantes vos rogamos, Senhor Deus, que concedais a vossos servos lograr perpétua saúde do corpo e da alma, e que, pela intercessão gloriosa da bem-aventurada sempre virgem Maria, sejamos livres da presente tristeza e gozemos da eterna alegria. Por Cristo Nosso Senhor. Amém.

ORAÇÃO A SÃO JOSÉ

A vós, S. José, recorremos em nossa tribulação e (depois de ter implorado o auxílio da vossa santíssima esposa) cheios de confiança solicitamos (também) o vosso patrocínio. Por esse laço sagrado de caridade, que vos uniu à Virgem imaculada, Mãe de Deus, e pelo amor paternal que tivestes ao Menino Jesus, ardentemente vos suplicamos que lanceis um olhar benigno para a herança que Jesus Cristo conquistou com seu sangue, e nos socorrais em nossas necessidades com o vosso auxílio e poder. Protegei, ó guarda providente da divina família, a raça eleita de Jesus Cristo, afastai para longe de nós, ó pai amantíssimo, a peste do erro e do vício. Assisti-nos do alto do céu, ó nosso fortíssimo sustentáculo, na luta contra o poder das trevas; e assim como outrora salvastes da morte a vida do Menino Jesus, assim também defendei agora a Santa Igreja de Deus contra as ciladas de seus inimigos e contra toda adversidade. Amparai a cada um de nós com o vosso constante patrocínio, a fim de que, a vosso exemplo e sustentados com o vosso auxílio, possamos viver virtuosamente, morrer piedosamente, e obter no céu a eterna bem-aventurança. Assim seja.

Fórmula de louvores

para recitar depois da Bênção do Santíssimo Sacramento, em reparação das blasfêmias

Bendito seja Deus. – Bendito seja seu santo nome. – Bendito seja Jesus Cristo, verdadeiro Deus e verdadeiro homem. – Bendito seja o nome de Jesus. – Bendito seja o seu sacratíssimo Coração. – Bendito seja seu preciosíssimo Sangue. – Bendito seja Jesus no Santíssimo Sacramento do Altar. – Bendito seja o Espírito Santo Paráclito. – Bendita seja a grande Mãe de Deus, Maria Santíssima. – Bendita seja a sua Santa e Imaculada Conceição. – Bendita seja sua gloriosa assunção. – Bendito seja o nome de Maria, Virgem e Mãe. – Bendito seja São José, seu castíssimo esposo. – Bendito seja Deus nos seus anjos e nos seus santos.

Oração

Deus e Senhor nosso, / protegei a vossa Igreja, / dai-lhe santos pastores e dignos ministros; / derramai vossas bênçãos sobre o nosso Santo Padre o Papa, / sobre o nosso ([Cardeal] Arce-) Bispo, / sobre o nosso Pároco, e todo o clero, / sobre o Chefe da Nação e do Estado / e sobre todas as pessoas constituídas em dignidade, / para que governem com justiça; / dai ao povo brasileiro paz constante e prosperidade completa. / Favorecei com os efeitos contínuos de vossa bondade o Brasil, este (Arce-) Bispado, / a paróquia que habitamos, / a cada um de nós em particular / e a todas as pessoas por quem somos obrigados a orar, / ou que se recomendaram às nossas orações. / Tende misericórdia das almas dos fiéis que padecem no purgatório; / dai-lhes, Senhor, o descanso e a luz eterna.

Pai-nosso. Ave-Maria, Glória-ao-Pai.

B. Cânticos

Renovação das promessas do batismo

1. Prometi, no meu santo batismo * A Jesus sempre e sempre adorar. * Pais cristãos em meu nome falaram; * Hoje, os votos eu vim confirmar.

*Fiel, sincero, eu mesmo quero * ||:A Jesus prometer meu amor:||.*

2. Creio, pois, na divina Trindade, * Pai, e Filho e inefável Amor, * No mistério do Verbo encarnado, * Na paixão de Jesus Redentor.

3. A Jesus servir quero constante, * Sua lei em meu peito gravar, * Combatendo, lutando e vencendo, * A Igreja, fiel, sempre amar.

4. De satã aos conselhos perversos, * Desde então, terei asco e horror; * Nem do mundo os prazeres funestos * Poderão esfriar meu fervor.

1. De Maria serei terno filho: * Dela espero eficaz proteção, * Vencedor nos combates da vida, * Reinarei na celeste mansão.

Primeira Comunhão

*Senhor Jesus, nós meninos vos amamos * Com todo o nosso pequeno coração; * A recompensa que nós esperamos, * ||:Seja a nossa eterna salvação:||.*

Antes: 1. Chegou o dia da querida festa, * Chegou a hora em que vamos comungar, * A inocência brilha em nossa testa, * Queremos sempre a Jesus amar.

2. Abençoai-nos, ó Jesus querido! * Cercamos vosso presente de amor; * Enquanto sois por muitos esquecido, * Vos adoramos, ó bom Pastor!

3. Senhor Jesus, nós cremos firmemente * E confessamos sem medo e sem temor: * Sois nosso Deus e Salvador!

4. Vinde, Senhor de toda a majestade, * Vinde, Jesus, nosso Deus e Redentor, * com corpo, sangue, alma e divindade, * Vinde, mostrai-nos o vosso amor!

Depois: 5. Oh! alegria! Oh! felicidade! * Entrou Jesus em nosso coração; * Quis esconder a sua divindade, * Para se dar na comunhão.

6. Humildemente vos agradecemos * a vossa vinda, tão cheia de amor; * Vos entregamos tudo quanto temos, * Ficai conosco, ó Senhor!

A Maria Santíssima

2. Com minha Mãe 'starei * Na santa glória um dia. * Ao lado de Maria * No céu triunfarei.
||:*No céu, no céu, com minha Mãe 'starei* :||.

2. Com minha Mãe 'starei, * Aos anjos me ajuntando, * Do Onipotente ao mando, * Hosanas lhe darei.

Queremos Deus

1. Queremos Deus, homens ingratos, * Ao Pai supremo, ao Redentor, * Zombam da fé os insensatos, * Erguem-se em vão contra o Senhor.

*Da nossa fé, ó Virgem. * O brado abençoai, * ||:Queremos Deus, que é nosso Rei, * Queremos Deus, que é nosso Pai:||.*

2. Queremos Deus! Um povo aflito, * Ó doce Mãe, vem repetir * Aos vossos pés d'alma este grito, * Que aos pés de Deus fareis subir.

Eu confio em Nosso Senhor

||:*Eu confio em Nosso Senhor * Com fé, esperança e amor:*||.

1. A meu Deus fiel sempre serei; * Eu confio em Nosso Senhor; * Seus preceitos, oh ! sim cumprirei * Com fé, esperança e amor.

2. Venha embora qualquer tentação, * Eu confio em Nosso Senhor; * Mostrarei que sou sempre cristão, * Com fé, esperança e amor.

3. Com as armas da fé lutarei; * Eu confio em Nosso Senhor; * Nessa luta por Deus, vencerei * Com fé, esperança e amor.

4. Os fracassos não hei de temer; * Eu confio em Nosso Senhor; * Pois com Deus hei de sempre vencer, * Com fé, esperança e amor.

5. Em perigo, aflição ou em dor * Eu confio em Nosso Senhor; * Chamarei a meu Deus com fervor, * Com fé, esperança e amor.

6. E depois duma vida com Deus, * Eu confio em Nosso Senhor; * Eu espero partir para os céus * Com fé, esperança e amor.

A Ti, Meu Deus

Texto: Pe. J. Braga   Música: Pe. J. Alves

*A Ti, meu Deus, cantem os homens louvor; * Ao Teu amor respondam com mais amor.*

1. Senhor, a tua Igreja somos nós * Numa só voz, * É teu tudo o que somos e o que temos * E aqui vimos para adorar.

2. Senhor, a graça imensa de viver * Sem merecer, * A graça de ser filho e de te amar, * Vamos louvar e agradecer.

3. Da culpa tantas vezes repetida * Em nossa vida, * Senhor, a tua Igreja militante * Quer neste instante pedir perdão.

4. Senhor, no sofrimento e na alegria * De cada dia, * Ajuda-nos a amar o que é melhor, * E o teu amor aumente em nós.

Cheio de Alegria

Pe. J. Alves

*Cheio de alegria, aleluia! * Eu me aproximo da casa de Deus.*

1. Enfim, detenho os passos, aleluia! * Ante tuas portas, Jerusalém.

2. Jerusalém, cidade grande e bela. * Com solidez construída, aleluia! * Para ti avançam os povos.

3. Enfim Jesus venceu * Aleluia * Abrindo o céu para todos nós.

4. Jerusalém, Jesus não morre mais, * Cantai, cristãos, cantai! * Aleluia * Ao Redentor dai glória.

5. Reine a paz dentro de teus muros, * A prosperidade em tuas casas * Aleluia * Por causa do Senhor nosso Deus.
(Estrib. para o tempo pascal):
*Já ressuscitou, * Aleluia * Cristo Jesus,*
ei-lo vivo entre nós.
(Para o tempo natalício):
*Vamos a Belém, * Aleluia * Ver o que sucede*
na cidade de Davi.

Senhor vos ofertamos

Letra: Pe. C.B. Neto   Música: Pe. Ximenes

1. Senhor, vos ofertamos, * Em súplice oração, * ||:O cálice com vinho, * E na patena o pão: 11.

2. O pão vai converter-se * Na carne de Jesus * ||:E o vinho será sangue, * Que derramou na cruz:||.

3. Senhor, vos damos tudo: * Nosso pesar e gozo, * ||:Nossa alegria e dores, * Trabalhos e repouso:||.

4. Amigos e parentes * Os vivos e defuntos * ||:Em torno à vossa mesa, * Estamos sempre juntos:||.

5. A voz do sacerdote, * Que é a nossa voz * ||:Vos dá a hóstia viva, * Que somos todos nós: 11.

A Vós, Senhor, oferecemos

Salmo 115   Elvira Dordlom

*A Vós Senhor, oferecemos estes dons: * o pão e o vinho, aleluia!*

1. Que poderei retribuir ao Senhor * Por tudo o que Ele me tem dado?

2. Erguerei o cálice da salvação * Invocarei o nome do Senhor.

3. Cumprirei os votos do Senhor * Na presença de todo o seu povo.

4. É preciosa aos olhos do Senhor * A morte dos seus santos.

5. Ó Deus, eu sou vosso servo * Filho de vossa serva.

6. Oferecerei um sacrifício de louvor * Invocarei o nome do Senhor.

7. Cumprirei os votos do Senhor * Na presença de todo o seu povo.

8. Nos átrios da casa do Senhor * No meio de ti, Jerusalém.

9. Glória ao Pai e ao Filho * E ao Espírito Santo.

10. Assim como era no princípio agora e sempre * e por todos os séculos dos séculos. Amém.

Onde o Amor

Música: Pe. Ney Pereire

Onde o amor e a caridade, Deus aí está.

1. Congregou-nos num só corpo, o amor de Cristo, * Exultemos, pois, e nele jubilemos. * Ao Deus vivo, nós temamos, mas amemos, * E, sinceros, uns aos outros nos queiramos.

2. Todos juntos num só corpo congregados: * Pela mente não sejamos separados! * Cessem lutas, cessem rixas, dissensões, * Mas esteja em nosso meio Cristo Deus.

3. Junto um dia, com os eleitos, nos vejamos * Tua face gloriosa, Cristo Deus: * Gáudio puro, que é imenso e que ainda vem, * Pelos séculos dos séculos. Amém.

Quaresma

*Estrib.: Vinde, vinde todos, * Todos a Jesus, * ||:Vede-o no madeiro * Áspero da cruz:||.*

Vós os que consolo, * Tristes, procurais,
* Vede se nas dores * Cristo copiais.

Ele ao Pai implora, * Tal é seu amor!
* Nem castigo pede, * Meigo Redentor.

Lava aquele sangue * Que do lado emana * Tantas culpas graves * Da maldade humana.

Hoje vos pedimos * Vossa proteção. * Dai, Jesus, a todos, * Novo coração.

Natal

Noite feliz, noite feliz! * O Senhor, Deus de amor, * Pobrezinho nasceu em Belém! * Eis na lapa Jesus, nosso bem! * Dorme em paz, ó Jesus! * Dorme em paz, ó Jesus! Noite feliz, noite feliz! * O' Jesus, Deus da luz, * Quão afável é teu coração, * Que quiseste nascer nosso irmão, * A nós todos salvar, * A nós todos salvar! Noite feliz, noite feliz! * Eis que no ar vêm cantar * Aos pastores os anjos dos céus * Anunciando a chegada de Deus, * De Jesus Salvador, * De Jesus Salvador!

Vós sois meu pastor (C 8)

Salmo 22   Música: Robert Jef

Ant.: Vós sois meu Pastor, ó Senhor: * Nada me faltará, * Se me conduzis.

1. Em verdes pastagens * Feliz eu descansei, * Em vossas águas puras * Eu me desalterei.

2. No vale das sombras, * O mal é vão temer. * Se vos tenho a meu lado, * por que desfalecer?

3. Pusestes minha mesa, * Para o festim real. * Ungiste-me a cabeça * Com óleo divinal.

4. Transborda em minha taça * Um misterioso vinho, * Consolo e alimento * Ao longo do caminho.

5. A luz e a graça vossa, * Sem fim me seguirão. * E o céu em recompensa * Um dia me darão.

A missa terminou

Letra e Mús.: D. Julien   Adaptação: Pe. C. Alberto

1. A missa terminou, * Já nos vamos retirar. * Senhor, que tua bênção * Nos venha acompanhar.

2. Voltamos para casa * Com Deus no coração; * A missa terminou, * Começou nossa missão.

3. Senhor, que nossos atos * Vos provem nosso amor, * Transformem nossa vida * Num hino de louvor.

4. Ao Pai celeste, ao Filho, * Ao Deus de amor também, * Pertence toda a glória * Agora e sempre. Amém!..

Nota: Cf. as melodias destes cantos em *Cantos e orações – Edição B.* Petrópolis: Vozes.